인내의 법

인내의 법

오오카와 류우호오 지음

행복의 과학 옮김

가림출판사

© Ryuho Okawa 2014
Korean Translation © Happy Science 2014
Original Japanese language edition published as
'Nintai No Ho'
by IRH Press Co., Ltd. in 2013

All Rights Reserved.
No part of this book may be reproduced in any form
without the written permission of the publisher.

책머리에

직업으로서 임하는 '종교가'는 '인내력'에 관해서는 꼭 실행해야 하는 수행이라고 해도 좋을 것이다.

우선 부모, 형제자매, 부부, 친척의 반대를 시작으로, 이웃이나 직장 사람들의 소문이나 악담을 견뎌내고, 고객의 고충을 견뎌내고, 그 위에 주간지의 심술궂은 비판을 견뎌낸다.

나아가서는 노력하고 노력해도 계속 무시하는 대형 신문사와 텔레비전 방송국의 묵살하는 권력을 견뎌내고, 때로는 정부와 관청의 탄압도 견뎌낸다. 또 교단이 발전하는 뒤편에는 반드시 역할이 끝난 사람이 생기므로 그런 사람들이 밖에서 후진들을 방해하는 것을 또한 견딘다. 결론적으로 '세상의 상식'이나 '학문의 상식', '전통종교의 상식'과도 계속 싸우지 않으면 '진리의 법등'은 지켜 나갈 수가 없다. 과거 위인들의 극단적인 예도 들어 있으므로, 필시 마음의 지주가 될 것이다.

행복의 과학 그룹 창시자 겸 총재
오오카와 류우호오

마음의 지침

비록 괴롭다 해도

비록 괴롭다 해도
나약한 소리를 하지 마라.
인생은 평탄한 길만이 아니다.
언덕길을 올라가는 것은
누구나 괴롭다.
인내의 시기는
반드시 찾아온다.

잘 늘어나는 용수철일수록
잘 줄어든다고 한다.
당신도 성장하기 전에는
우선 힘을 모으지 않으면 안 된다.

가을이 되어
나뭇잎이 지는 것은
서글프지만
그것은 끝이 아니다.
일단 제로가 된 것처럼 보여도
내년 봄의 새싹이
조용히 숨어 있다.
보이지 않는 생명이
용의주도한 준비를 하고 있는 것이다.

그러므로
비록 괴롭다 해도
나약한 소리를 하지 마라.
다음 도약의 기회를 향해
힘을 계속 모아라.

C·O·N·T·E·N·T·S

책머리에 · 9
마음의 지침 · 10

제1장 슬럼프를 극복하는 법
운세를 호전시키고 싶은 당신에게

01. 누구에게나 슬럼프는 존재한다 · 22
　　다양한 상황에서 슬럼프는 찾아온다 · 22
　　경험적으로 받아들여지는 운세의 기복 · 24

02. 슬럼프일 때 가져야 할 자각 · 27
　　뛰어난 인물일수록 심한 슬럼프에 빠진다 · 27
　　엘리트이기에 생기는 비극 · 29

03. 전체 속에서의 위치를 생각한다 · 33
　　'통계학적으로 볼 때 어떤가'라는 시점을 갖자 · 33
　　'확률적으로 타당한가'를 확인하는 것도 중요하다 · 34
　　출세한 결과 슬럼프에 빠질 수도 있다 · 37
　　요구되는 능력은 입장에 맞게 바뀌는 법이다 · 38
　　직책이 올라가지 않으면 발휘할 수 없는 능력이란 · 41
　　근시안적인 상태가 되지 말고 커다란 안목으로 전체를 보자 · 42

04. 새로운 자신을 발견할 기회 · 46
　　시대의 변화에 대응하지 못하는 문화는 무너져 간다 · 46
　　'이에야스가 패했을 것이다'라고 주장한 독일의 참모들 · 48
　　실력주의로 인재를 발탁하여 승리한 미국 해군 · 50
　　지금까지 하던 방법이 통하지 않게 되었을 때의 대처법 · 51
　　번데기 시절을 거쳐야만 나비가 될 수 있다 · 53
　　슬럼프의 시기는 새로운 자신을 향한 변신의 기회이기도 하다 · 56

C·O·N·T·E·N·T·S

05. 슬럼프에 대처하려면 · 59

대처 ❶ - 현재의 고뇌에 집약한다 · 59
과거에 대한 걱정과 미래에 대한 걱정은 어쩔 수가 없다 · 59
언제나 한 명을 상대하는 미야모토 무사시 식의 각개격파술 · 60
대처 ❷ - 현재의 고뇌를 열거하여 정리한다 · 62
대처 ❸ - 고뇌를 차례로 해치운다 · 64
근본 문제부터 해치우는 방법 · 64
간단할 것 같은 문제부터 해치우는 방법 · 64
큰 문제에는 세분화의 원리를 사용한다 · 66
왠지 일이 잘 안 되는 시기를 극복하려면 · 67
실제 예 - 야구의 슬럼프를 극복하려면 · 68
잘 치지 못하는 원인을 분류하여 공격 포인트를 확인한다 · 68
과거의 평균 타율에서 자신의 인생 실력을 알고 신뢰한다 · 70

06. 최악의 사태를 극복한다 · 73

우선은 최악의 사태를 받아들일 각오를 한다 · 73
암 선고를 받고도 오래 사는 사례 · 75
죽음의 공포는 종교에 의해 극복할 수 있다 · 77

제2장 시련을 이겨낸다
후회하지 않는 인생을 끝까지 살려면

01. 시련을 이겨낸다는 것은 대단히 중요한 사고방식 · 82

망설일 때는 언제나 어려운 길을 택한다 · 82
인생의 마지막에 자신의 꿈이 너무 작았음을 후회하고 싶지 않다 · 84
운명은 그 다음 문을 반드시 준비해 준다 · 86
나이에 상관없이 새로운 도전은 가능하다 · 89

C·O·N·T·E·N·T·S

02. 종합상사 시절의 학습 체험 · 92

일정기간 내에서의 능력 차이는 시간을 들이면 역전할 수 있다 · 92
대학졸업 후에 부딪친 무역영어의 벽 · 94
사전에 실리지 않은 영어 단어가 많아서 충격을 받다 · 95
모르는 영어 단어는 꾸준히 외울 수밖에 없다 · 96
일반적인 경우와는 다른 종합상사에서 쓰는 말 · 99
모르는 말이 난무하던 입사 후의 직장 · 100
종합상사 시절의 실패 등 모든 것이 분발하는 계기가 되었다 · 103

03. 미지의 일에 도전을 계속한다 · 105

모든 것을 버리고 밑천 없이 입종을 결행하다 · 105
다른 종교의 교주전이나 교단의 역사에서 종교를 만드는 법을 배우다 · 106
스스로 공부하면서 만든 출판사와 정사 · 107
불법진리 학원의 운영 실적을 지렛대로 삼아 학교법인을 만들다 · 109
정치를 경험하지 않은 신자와 직원을 활용한 정당 설립 · 110

04. 신념을 굽히지 말고 끈기 있게 버텨라 · 113

실패를 두려워하지 말고 비판을 견디는 힘을 갖춰라 · 113
거북이처럼 한 걸음 한 걸음 전진해 가자 · 115
원점으로 돌아가 제로에서 다시 시작하는 기개를 가져라 · 116
강인하고 끈질긴 태도의 근본에 있는 큰 뜻 · 118
힘을 합쳐서 곱셈과 같은 커다란 일을 이루자 · 119

제3장 덕의 발생에 대하여
사심을 버리고 천명에 산다

01. 큰 시야로 자신을 다시 바라보라 · 124

덕 있는 인재의 양성은 그리 간단하지 않다 · 124

C·O·N·T·E·N·T·S

동질 집단 안에서의 덕이 세상에 통용되지 않을 수도 있다 · 125
큰 시야로 자신을 다시 바라볼 수 있는 것이 덕의 성장이다 · 127

02. 생물계의 법칙에 휩쓸리지 않는 노력을 하라 · 129

동물들이 보여주는 생물계에서의 자연적인 법칙 · 129
종교가나 혁명가는 자연의 섭리에 반대되는 행동을 취한다 · 131
쇼와 천황에게서 살아 있는 신을 본 맥아더 · 132
움막에서 끌려 나온 사담 후세인의 불쌍한 모습 · 135
밀실에 숨어서 미치광이를 연출한 옴진리교의 아사하라 · 136

03. 인물을 간파하는 간단한 방법 · 139

위와 아래의 양극단을 경험시키면 인물을 알 수 있다 · 139
실업가의 경우 영웅과 악인은 종이 한 장 차이 · 141
좋고 싫음을 초월하여 공평무사한 태도로 사람을 판단한다 · 143

04. 입장에 걸맞게 공인으로서의 자각을 하라 · 145

황실 공무의 중요성을 지적한 야마오리 씨의 제2 논문 · 145
오오카와 류우호오는 공무를 본다고 느끼는 모 주간지 · 148
공인은 입장에 맞게 사를 없애 간다 · 150
완전연소하는 마음으로 부담을 떨칠 수 있는 힘이 강해진다 · 152
히가시노 게이고 씨의 갈릴레오 시리즈를 어떻게 보는가 · 154
나는 천 년 후의 독자를 위해 책을 계속 낸다 · 156

05. 인류에게 덕이 무엇인지를 보여준 사대 성인 · 158

자기모순을 일으키는 문제를 어떻게 포용했는가에 의해 덕이 생긴다 · 158
소크라테스와 석가, 공자에게서 보는 덕 · 160
사명을 다하기 위해 죽음을 각오하고 예루살렘에 들어간 예수 · 162
예수의 가르침에 허점을 찌른 통일교의 문선명 · 164

C·O·N·T·E·N·T·S

06. 덕 있는 자가 되려면 · 164
　개인적인 에피소드, 인간으로서의 실체에 덕이 나타난다 · 166
　지도자로서 자신을 제어해 가는 힘이 있는가 · 167
　천명을 믿으면서 노력하여 길을 개척해 가는 사람이 되어라 · 169
　서두르지 않고 조용히 차근차근 자기 능력을 발휘해 간다 · 170

제4장 패배하지 않는 자
이 세상에서의 승패를 초월하는 삶

01. 왜 진리는 이해되기 어려운가 · 174
　이 세상 사람들의 다수 의견이 반드시 옳다고는 할 수 없다 · 174
　진리가 이해되지 못하는 두 가지 경우 · 175
　현대물리학 속에 있는 사람들의 상식을 뒤집는 것 · 176

02. 이성에 대한 신앙을 수립한 근대 · 179
　죽어도 신념을 굽히지 않았던 소크라테스 식의 미학 · 179
　이해할 수 없는 것을 무시하는 것은 비과학적이고 비학문적인 태도 · 180
　명확하게 신앙심을 가졌던 데카르트와 칸트 · 182
　이성 신앙에 의한 문명 실험은 성공했는가 · 184

03. 석가의 출가와 조국의 멸망 · 187
　전후 민주주의에 무릎을 꿇은 불교학자 · 187
　만약 석가 시대에 언론 매체가 있었다면? · 188
　불교교단이 남은 한편, 비참한 최후를 마친 석가국 · 189

C·O·N·T·E·N·T·S

합리적인 불교에도 있는 신화적 전설 · 192
예수와 석가는 조국을 구했는가 · 192
학살을 불러들인 면도 있는 불교의 평화사상 · 194

04. 이 세상에서 불합리한 일이 일어나는 이유 · 196

행복의 과학을 묵살하는 현상유지 세력의 존재 · 196
평가가 굳어지기까지는 시간이 걸린다 · 198
아웅 산 수치 씨에게서 보는 이 세상에서의 불합리함 · 199
살아 있는 악마가 존재했던 폴 포트 시대 · 202
역사 속에서 검증된 올바름이 인류의 지혜가 된다 · 203

05. 인정받지 못함을 견뎌라 · 205

초기 교단에서 인재의 다양한 변화 · 205
참을성 있게 진리를 관철해 가는 태도가 중요하다 · 207

06. 진리에 목숨을 건 신의 사자들 · 210

역사를 바꾼 자가 엄한 시련을 겪는 불가사의함 · 210
불우한 최후를 마쳐도 후세에 빛을 남길 수는 있다 · 212
동시대의 가치관에 영합하지 않고 옳은 말을 계속한다 · 214

07. 진리에 사는 자는 패배하지 않는다 · 216

무슨 일이 있어도 진리를 놓지 않는다는 인내의 마음이 중요하다 · 216
동시대에 평가가 정해지지 않았던 링컨 대통령 · 218
인종차별을 철폐하기 위해 싸우다 암살된 킹 목사 · 220
신념에 사는 자를 패배시킬 수는 없다 · 220
영원히 패배하지 않는 것을 위해 목숨을 버리는 정신을 가져라 · 222

C·O·N·T·E·N·T·S

제5장 상식의 역전
새로운 시대를 개척하는 진리의 힘

01. 시대의 상식과의 싸움 · 228
대오 이래 진리에 대한 몰이해와 계속 싸웠던 삼십여 년 · 228
≪성서≫를 체코어로 번역한 죄로 처형된 얀 후스 · 229
신의 목소리에 따른 애국소녀 잔 다르크를 처형한 교회 · 231
천상계가 보낸 종교개혁가가 탄압 당한 역사 · 232

02. 신의 마음을 짓밟는 종교계의 상식 · 234
그리스도의 부활을 바라지 않는 교회의 본심 · 234
예수의 혼의 형제인 톨스토이를 파문한 러시아 정교 · 235
커다란 오해와 착각에 가득 찬 21세기의 상식 · 236
세계에 신의 빛이 미치지 않는 현실 · 239

03. 과학적 탐구와 종교적 진리의 관계 · 241
영화 '콘택트'가 그린 미지의 존재에 대한 탐구 · 241
우주로부터 오는 전파신호를 해독하여 판명한 별과 별 사이의 이동방법 · 241
무신론자를 베가성으로 가는 사자에서 제외한 사문위원회의 판단 · 242
마침내 베가성 사람과의 콘택트가 실현 · 243
다른 별의 사람과 만난 증거를 제시하지 못하는 여성 천문학자의 궁지 · 244
우주에서의 신비체험으로 인생이 바뀐 사람들 · 245
1초가 안 되는 동안에 기록되었던 18시간 분량의 노이즈의 수수께끼 · 246
증거가 없어도 결론을 받아들이는 것이야말로 신앙의 모습 · 247
현대가 가장 발달했다고 하는 생각은 오만의 극치 · 249
현대의 상식에 싸움을 거는 공개 영언 시리즈 · 250

C·O·N·T·E·N·T·S

04. 잘못된 상식을 타파하는 진리의 힘 · 252
　　세계를 크게 뒤흔들기 시작한 천상계로부터의 메시지 ··252
　　영적 진리를 유물론으로 왜곡하는 현대인의 책임 · 254
　　신격을 가진 존재라고 사람들에게 믿어지는 요시다 쇼인 · 255
　　진리의 탱크가 상식이라는 이름의 미망을 쳐부순다 · 257

　후기 · 260

제 1 장

슬럼프를 극복하는 법

운세를 호전시키고 싶은 당신에게

누구에게나 슬럼프는 존재한다

다양한 상황에서 슬럼프는 찾아온다

본 장의 테마는 '슬럼프를 극복하는 법'이다.

일반적으로 '무슨 일이든 어느 정도 잘되고 있었다'는 전제가 있고, 그것이 갑자기 잘되지 않게 될 때 그 시기를 가리켜 '슬럼프에 빠졌다'는 표현을 쓴다.

'슬럼프'는 어린이나 학생의 경우는 공부 등을 순조롭게 잘하던 학생이 갑자기 상태가 나빠져서 잘하지 못하게 되거나 혹은 운동을 아주 잘하던 사람이 갑자기 실력을 제대로 발휘하지 못하는 경우가 해당된다.

또 야구부의 4번 타자가 갑자기 전혀 치지 못하게 되는 일이 있다. 지방대회에서는 높은 타율을 자랑하던 선수가 최종 결승에서는 긴장해서 갑자기 좋은 타격이 전혀 나오지 않는 것이다.

그럴 때 흔히 '슬럼프'라고 말한다.

그 외에도 회사에 근무하는 사람이라면 갑자기 일이 잘되지 않는 시기가 찾아올 수 있다. 지금까지 호조였음에도 불구하고 갑자기 상태가 나빠지는 경우는 누구나 있을 것이다. 물론 경기가 나빠져서 어느 회사나 어떤 사람이나 모두 상태가 나빠질 경우에는 슬럼프라고 할 수 없다. 그렇지 않고 다른 사람은 지금까지와 마찬가지인데 자신만 갑자기 상태가 나빠지는 시기가 있다.

예를 들어 영업에서 전혀 상품이 팔리지 않게 되거나, 기획회의에서 아이디어가 전혀 나오지 않게 되거나, 혹은 내놓은 아이디어가 성공하지 못하게 될 때이다. 상태가 좋을 때는 내놓은 아이디어마다 척척 잘 맞았는데 그것이 잘 맞지 않게 되는 시기가 있다.

그 다음에 인간관계에서도 슬럼프는 있다. 지금까지 잘 지내왔던 관계가 오해로 인해 틀어지고 그것이 계기가 되어 도미노 현상처럼 다른 사람과도 문제가 생겨서 사이가 나빠지면서 고립하는 경우이다. 이렇게 인간관계가 잘 풀리지 않음으로써 모든 일에 의욕을 상실해 버리는 시기도 있다.

물론 커다란 안목으로 보면 그 밖에도 여러 가지 요소가 있을

지도 모른다. 덧붙여 말하면 슬럼프란 개인만이 아니라 어느 정도의 집단이든 일어날 수 있는 일이다.

야구로 말하면 팀 전체가 기세가 떨어질 때가 있으며, 회사에서도 조직 전체의 상태가 나빠질 때도 있다. 어느 정도 가치관을 공유하는 상태에 있는 집단일 경우에는 함께 기세가 떨어질 수 있다.

다만 본 장에서는 주로 '개인의 슬럼프'에 초점을 맞추어 서술해 가려고 한다.

경험적으로 받아들여지는 운세의 기복

흔히 '운세'라든가 '운수'라고 하는데, 옛날부터 인생에는 '운세의 기복', '운수의 기복'이 있으며 일이 순조롭게 상승할 때와 기세가 꺾여서 하강할 때가 있다. 그런 탓에 갖가지 점술이 유행하는 것이며 그 중에는 그 기복을 12년 주기로 보는 설도 있다.

또 근년에는 바이오리듬이라는 주기가 생명보험 판매 등에서도 사용되고 있다. '인간에게는 바이오리듬이 있어서 생일을 기준으로 하는 기복이 있다. 별자리 점괘 등도 함께 조합하면 당신은 이런 운세가 된다'라는 말로 보험 등의 가입을 권유 받은 사람도 있을 것이다.

바이오리듬은 보통의 점술과는 달리 생리학적으로 육체적인 조건도 관계되는 것이지만, 그런 기복을 봄으로써 '나는 지금 상태가 나쁜 시기구나'라고 알게 되는 경우도 있다. 물론 사람에 따라 제각기 기복에 차이는 있지만 '이런 법칙을 알아둠으로써 매사에 조심할 수 있다'고 하는 사고방식도 있다.

다만 그런 것에 너무 얽매이거나 선입관이 강해지는 것은 위험하다. 예를 들어 '당신은 이제 슬럼프에 들어갈 시기예요'라는 말을 들으면 '그렇습니까?'라고 암시에 걸려 정말로 그렇게 될 수가 있기 때문이다. 역시 남의 말을 잘 믿는 유형의 사람은 나쁜 암시에 쉽게 걸리기 쉬우므로 그렇게 되지 않도록 주의를 해야 한다.

원래 운세에 기복이 있는 것 자체는 오랜 역사 속에서 경험을 통해 알고 있는 사실이지만, 그것을 이론화하거나 잘 설명하기는 상당히 어렵다. 그것을 정확하게 적중할 수 있다면 대단히 번창하는 장사든 뭐든 할 수 있겠지만, 거기까지는 가지 않기 때문에 실제로 사람들은 근근이 영위하는 것이다.

본 장에서는 '슬럼프'라는 일반적인 테마를 중심으로 하여

'그럴 때 어떤 마음가짐으로 처신해 가야 하는가', 혹은 '어떻게 살아가야 하는가'에 대해 서술해 보고자 한다.

슬럼프일 때 가져야 할 자각

뛰어난 인물일수록 심한 슬럼프에 빠진다

독자 중에는 '나는 한 번도 슬럼프에 빠진 적이 없다'고 하는 사람이 있을지도 모른다. 물론 그 사람이 항상 최상의 컨디션이어서 줄곧 순조로울 수 있다면 다행이기는 하다.

그러나 '슬럼프에 빠진 적이 없다'고 하는 사람일 경우, 일반적으로 평범하게 사는 경우가 많기 때문에 슬럼프에 빠질 상황이 그다지 없었을 뿐이다. 그런 의미에서 '슬럼프가 없다'는 것이 반드시 좋은 일이라고 할 수는 없다.

제대로 공부도 하지 않고, 운동도 하지 않고, 일도 하지 않고, 인간관계도 전혀 생각하지 않은 채 사는 사람에게는 슬럼프 자체가 없을지도 모르므로, 그런 경우는 부디 오해하지 말기 바란다.

슬럼프란 어느 정도 다른 사람보다 특별히 상태가 좋을 때가 있거나, 재능이나 일에 대해 '대단하다'고 칭찬받던 사람이 어느 날 갑자기 상태가 나빠짐으로써 겪는 것이다.

예를 들면 야구에서 원래 1할밖에 치지 못하는 타자가 '슬럼프'라고 해도 그것은 슬럼프가 아니라 재능이 없는 것이다. '어떻게 된 거지? 공이 피해 간다. 이건 슬럼프야'라는 말을 해도 원래 잘 맞지 않았던 사람은 갑자기 공이 잘 맞을리가 없지 않은가? 그러나 평상시에 3할, 4할을 치던 타자가 갑자기 잘 치지 못하게 되었을 때는 슬럼프가 맞지만, 이 부분에 대해서는 착각하지 마라. 애당초 기초능력 자체에 문제가 있는 경우는 슬럼프라는 말을 하지 않고 그 능력을 끌어올리는 훈련을 하는 것이 맞다.

슬럼프란 어느 정도 재능이 있고 일도 정력적으로 잘 처리하던 사람의 상태가 나빠지는 것을 말한다. 혹은 이상이 높고 늘 그것을 추구하고 있어서 자신에 대한 요구 수준이 대단히 높기 때문에 완전주의자 즉, '나는 공부도 운동도 일도 100점이 아니면 만족하지 않는다'고 생각하는 유형의 사람에게 나타나는 것이다.

그런 의미에서 행복의 과학에 모인 사람에게는 이상가理想家 기질로서 이상을 추구하는 유형이 많기 때문에 '100퍼센트의 자신 혹은 100점의 자신이 아니면 몹시 의기소침해진다'고 하는 사람도 있을 것이다.

이와 같이 여러 유형의 슬럼프로 괴로워하는 사람이 많다고 생각되는데, 처음에 이해해 주었으면 하는 것은 지금까지 서술한 대로 '슬럼프에 빠진다는 것은 어떤 면에서 당신이 뛰어난 인물임을 의미한다'는 점이다. 이것을 우선 알아주기 바란다.

재능이든 업적이든 이상이든, 다른 사람과는 다른 비범한 면, 뛰어난 면을 가지고 있는가? 혹은 자신의 나은 미래를 위해서 지속적인 노력을 하고 있었는가? 그런 사람들이라야 슬럼프가 오는 것이다.

엘리트이기에 생기는 비극

다만 일이 잘 안될 때에는 자기부정적인 상태가 되어 '나는 안 돼'하고 이것도 저것도 부정하고, 하는 일마다 전부 마음에 들지 않아서 궁지에 몰리는 일이 있다. 그런 사람 중에는 마침내 우울증이 되어 자살하는 사람도 나온다.

이런 일은 우수한 사람에게 흔히 일어난다. 오히려 '나는 뛰어난 사람이다'고 생각하기에 막다른 지경에 이르렀다고 느끼면 자살까지 하게 되는데, 이것은 마음가짐의 문제이므로 주의해야 한다.

현대에 와서는 자살하는 사람 중에 엘리트가 많다고 생각된다. 명문대를 나오거나 회사 업무에서 젊은 나이에 능력을 인정받던 사람이 어느 날 입사동기에게 실력 면에서 밀리거나 좌천당하는 등 일이 잘 풀리지 않게 될 때 갑자기 낙담하여 목숨을 끊는 것이다.

실제로 일본의 경우로 말하면, 전체의 평균에 비해 특수한 엘리트가 모인 곳에서는 자살자가 자주 생긴다. 예를 들어 이전에 모 관청 등에서는 '신입사원의 1할은 자살한다'는 설도 있었는데, 세상의 평균적인 관점으로 보면 우수하다는 말을 듣는 사람이기에 금방 좌절하여 자살하는 면도 있다.

그 이유는 일반 세상에 비하면 하찮은 것일지도 모른다. 그러나 좁은 집단 속에서 성공과 실패를 생각하기 때문에 마치 아주 높은 산의 8할 정도 높이에서부터 그 윗부분까지의 정상을 노리는 경쟁을 하는 식으로 '이겼다', '졌다'라고 하고 있는 것이다. 대부분의 사람은 8할 높이까지 가지 못한 채 3할이나 5할의 높이 언저리에서 힘들어 하고 있는데, 구름이 걸친 8할 높이까지

온 10명이나 20명이 정상을 목표로 경쟁하면서 '저쪽이 나보다 빨랐다. 억울하고 분해서 여기서 죽겠다'는 식으로 무책임하게 말하는 것이다. 그런 일이 대단히 많지 않을까? 남들보다 머리 회전도 빠르고 판단도 빠르기 때문에 일찌감치 인생을 마쳐 버리는 사람이 있는 것이다.

이럴 때에는 우수한 학업성적만으로는 극복할 수 없다. 역시 종교의 힘이 필요하다. 그 시기를 극복하고 좀 더 강해져서 힘껏 버텨야 한다. 그렇지 않으면 이 세상에 태어난 보람이 없다. 작은 세계에서 일어난 경쟁의 승패만으로 자신의 인생 전부를 판단하는 것은 매우 안타깝다.

또 본업에서 성공한 사람은 그것 외에서의 실패가 무척 괴로워서 다른 사람이 보면 '흔히 있는 이야기'라고 생각하는 일로도 낙심하는 경우가 있다.

예를 들면 인간관계 등의 문제도 친구와의 문제, 부모와의 문제, 부부간의 문제, 자녀에 관한 문제, 혹은 이웃과의 문제 등 여러 가지의 유형이 있겠지만, 일반적으로 생각하면 하찮은 일로 인해 좌절하여 괴로워한 결과, 본업에 영향을 미쳐서 그것까지 무너지게 되는 일도 많이 일어나므로 주의해야 한다.

물론 슬럼프에 빠진 사람의 입장에서 보면 과거에 빛나던 자신의 모습이나 이상적인 자신에 비해 현재의 모습이나 처한 상황이 매우 비참한 상태로 느껴질 것이므로 그 기분에는 동정이 가고도 남는다.

하지만 첫 번째로서 '슬럼프에 빠지는 사람은 우수한 인격을 가졌다'는 것을 스스로 인정하고 자신을 받아들여야 한다.

전체 속에서의 위치를 생각한다

'통계학적으로 볼 때 어떤가'라는 시점을 갖자

또 슬럼프에 빠지는 사람은 '나는 안 된다'고 하는데 그것은 '최고일 때의 자신', '이상적인 자신의 모습'에서 볼 때 지금의 상태가 나쁜 것이지 모든 사람들과 비교하여 전혀 쓸모없는 최악의 존재인 것은 아니다. 그런 것을 판정할 수 있는 사람은 어디에도 없다.

자신을 스스로 못났다고 자학하여 자신의 이미지를 함부로 비하하고 힐난하는 것은 올바른 인격을 지닌 사람의 선택이 아니다.

그런데 남성의 경우에는 업무를 추진하는 과정에서 상사에게 호되게 야단맞고 질책을 받아서 다른 직원들 앞에서 체면이 깎이거나 혹은 좋아했던 여성에게 채이거나 했을 뿐인데, '나는 최악의 남자다. 이제 안 되겠어'라고 단순하게 생각하는 경우가 있다.

그럴 때에는 '통계학적으로 볼 때 내가 그렇게 하찮은 사람인가?'라는 시점으로 생각해 보기 바란다. 그런 일은 결코 없을 것이다.

만일 좁은 세계나 좁은 인맥 속에서 '나는 패배한 거야', '최악인 거야', '어쩔 수 없는 인간이야'라는 식으로 생각한다면, 좀 더 시야를 넓혀 광각廣角 렌즈로 보듯이 자신을 봐 주길 바란다.

더 큰 그룹 속에서는 어떨까?

자신과 같은 또래 전체 속에서 보면 어떨까?

자신이 졸업한 학교의 졸업생 전체 혹은 자신과 같은 직업에 종사하는 사람 전체 속에서 보면 어떨까?

그와 같이 좀 더 넓은 안목으로 봐 주었으면 한다.

그리고 그것이 정말로 대단히 불행한 상태인지 어떤지를 잘 생각해 주기 바란다.

'확률적으로 타당한가'를 확인하는 것도 중요하다

일본의 경우로 예를 들면 40살이나 되고도 과장이 되지 못한

제1장 슬럼프를 극복하는 법

샐러리맨의 경우 자신을 무능력자라고 생각할지 모르지만, 회사에서 전원이 과장이 될 수는 없다. 회사의 규모 면에서 볼 때 어느 정도의 인원이 과장으로 적정한지는 미리 알 수 있는 것이 아닌가?

규모가 크지 않은 제조업에서는 10명에 1명이 될지도 모르며, 혹은 20명에 1명 정도밖에 될지 모르는 회사도 있다. 원래 제조업 계통에서는 관리직을 그다지 필요로 하지 않는다. 전문적인 기술자나 사무직, 실제 작업을 하는 기술자들이 많이 필요하고 관리직 쪽은 필요 없는 회사일 경우, 입사 시점에 이미 그 정도는 파악할 수 있는 일이다. 확률적으로는 그런 것이 20년 전쯤부터 정해져 있었고 스스로 그런 회사를 선택하여 들어온 것이므로 그 점에 관해서는 '나만 특별히 잘못된 것이 아니다'라고 알아야 할 것이다.

물론 서비스산업 계통에서는 비교적 출세를 하는 사람이 많아 종합상사나 은행에 가면 '돌을 던지면 과장이 맞는다'고 할 정도로 과장이 많다. 그래도 과장이 될 수 있는 인원은 전체 직원수의 절반 정도이며 나머지 절반은 되지 못한다. 그와 같이 각각의 회사에 대해 '전체적으로 파악해 보면 어느 정도까지 승진이 가능한가?'는 알 수 있다.

더군다나 임원이 될 확률에 대해서는 '3년에 1명, 5년에 1명' 밖에 되지 못하는 회사도 있다.

이런 일은 통계적으로 볼 때 어느 정도 가능한지 알 수 있으므로 그것을 토대로 계산해 보면 될 것이다. '사장이 되지 못하면 나는 이제 틀렸다'고 할지도 모르지만 사원수가 5,000명을 넘는 회사의 경우, 사장이 될 가능성 따윈 거의 없다. 그 정도 규모가 되면 실력만으로는 될 수 없다.

예를 들면 자신에게 능력이 있다고 해도 위에서 10년이나 눌러앉아 있으면 그만이다. 그 사람이 다행히 물러나 주면 승진할 수 있겠지만, 그 사람이 눌러앉아 있는 한은 무리이다. 왜냐하면 자신이 아무리 엘리트라도 자신보다 회사 선배이며 상사인 사람에 대한 인사권을 가지고 있지 않기 때문이다.

자신보다 2년 정도 선배가 우수한 상사로 있는 것만으로 사장이 되지 못하는 일은 있을 수 있다. 이것은 실력의 문제가 아니다. 그 우수한 사람이 10년쯤 선배인 경우는 그 사이에 우수한 사람이 없다면 올라갈 수 있지만, 1년 위나 2년 선배 중에 우수한 사람이 있을 경우, 사장이 될 수 없게 되는 것이다.

비록 그 이전에 자신보다 더 능력이 낮은 사람이 사장이 된 적이 있었다고 해도 대체로 순서가 있기 때문에 힘들다. 더군다나 몇천 명 이상으로 규모가 큰 회사일수록 사장이 되는 일은 거의 있을 수 없으며, 객관적으로 볼 때 운이 좋으면 될 수 있는 정도라고 본다.

불행하게도 사장이 되었다고 해도 그 회사가 도산하여 고생을 하는 사람도 있으므로 회사 상황에 따라 되지 않는 것이 좋을 경우도 있다.

어쨌든 확률적으로 대략 알 수 있으므로 '이쯤이 보통이겠지' 하는 정도를 유념해 두어야 한다. 다른 사람의 입장에서 객관적으로 보거나 또 전체적으로 보면 '타당한 정도가 아니겠는가?' 하는 경우는 흔히 있는 법이다.

출세한 결과 슬럼프에 빠질 수도 있다

'부하직원일 때는 대단히 우수했지만 인식력이 부족해서……' 라는 유형의 사람도 있다. 다시 말하여 부하직원으로서 명령을 수행하는 것에 대해서는 대단히 우수해도, 자신이 과장이나 부장같은 리더가 되었을 때는 일을 잘 하지 못하게 되는 사람이 많다. 그것은 별도의 법칙이 작용하여 일에서 요구되는 능력이 달라지기 때문이다.

예를 들면 과장이 되기까지는 '최고 속도'로 올라와서 동기 중에서는 첫째였는데 '그 다음이 전혀 안 된다'는 사람이 있다. 그런 사람은 상사 입장에서 보면 매우 다루기 쉬운 유형이어서 일을 계속 주면서 '하라'고 명령하면 대단한 속도로 일을 끝내는 능력을 가지고 있지만, 스스로 판단하여 일을 처리해야 하는 입장이 되면 잘하지 못한다. 요컨대 '능력의 유형'이 다른 것이다.

그 사람의 입장에서 보면 '그만큼 빨리 출세하여 과장이 된 자신이 어째서 과장이 된 순간 일을 잘하지 못하게 되는가?'에 대해 스스로 심각한 의문을 던질 것이다. 케곤노다키華嚴の滝(일본에서 자살로 유명한 폭포)에 뛰어들고 싶어질 정도일지도 모른다. 200명이던 동기 중에서 가장 먼저 과장이 되어 '최고위인 사장까지 곧장 간다'고 생각했음에도 불구하고 과장이 된 순간 탁하고 줄이 끊어진 것처럼 일을 잘하지 못하게 되는 것이다. 게다가 평판도 나빠져서 스스로도 자신을 신뢰하지는 못한다.

요구되는 능력은 입장에 맞게 바뀌는 법이다

이것은 '요구되는 능력이 바뀌었다'는 것이다. 지금까지의 능력은 사람을 활용해서 성과를 올리는 능력이 아니라 자신이 담

당하면 스스로 할 수 있는 유형의 것이었지만, 직책이 올라가면서 사람을 활용하지 못하는 경우가 있다. '나라면 이렇게 할 수 있었는데'라는 이유로 '너도 똑같이 하라'고 명령하지만 내가 아닌 다른 사람들은 그것을 하지 못한다. 다시 말하여 '자신이 발휘한 능력의 3분의 1밖에 안 되는 사람을 써서 어떻게 일을 하는가?'라는 문제에 처음으로 부딪친 것이며, 그 점에 대해 지금까지 생각한 적이 없었던 것이다.

물론 다른 사람들보다 뛰어났기 때문에 자신의 출세가 빨랐던 것이지만, 당연히 상사가 되면 능력이 다양한 사람들을 활용하면서 일을 해야 한다.

그렇다고 그 사람들을 해고한다고 해서 문제가 해결되지는 않는다. 자신과 비슷한 수준의 능력을 가진 사람으로만 부하직원을 구성할 수는 없다. 모든 부하직원과 자신의 능력이 같다면 굳이 자신이 먼저 출세할 리가 없기 때문이다. 그 사람들보다 능력이 많았기 때문에 진급할 수 있었던 것이므로 자신보다 일을 잘하지 못하는 사람들을 써야만 하는 것이다.

부하직원의 능력이 많든 적든 그들을 놀게 하면 자신의 능력이 '제로'가 된다. 놀게 할 뿐만 아니라 유해한 일을 시키면 '마이너스'가 된다. 그들을 제대로 활용하지 않으면 그들의 급료

중 일부분도 회수하지 못하게 된다.

그러나 이와 같은 두뇌의 전환을 하지 못하고 '왜 나처럼 하지 못하는 걸까?'라고 생각하고 있으면 그들을 제대로 활용하지 못한 채 끝나게 된다. 당연히 그쪽은 그쪽대로 자신들이 평가 받지 못하고 있다는 것을 알 수 있으므로 서로 간에 신뢰하지 않을 것이다.

결국 부하직원 전원을 제외한 채 과장인 자신 혼자서 일을 전부 떠안고 열 사람 몫을 하는 경우가 있는데, 그렇다고 해도 예전처럼 아침 7시부터 밤 11시까지 일을 해도 10명 몫이나 20명 몫의 일을 완벽하게 할 수 없게 된다. 결국에는 몸 상태가 나빠져서 쓰러지거나 입원까지 하는 지경이 된다. 이것이 중간관리직의 비극이며, 과장이나 부장 직책의 연령에서 일어나는 일이다.

요컨대 요구되는 능력이 다른 것이다.

흔히 '유명한 선수가 반드시 명감독이 되는 것은 아니다'라고 하는데, 자신보다 능력이 부족한 사람을 써야 하는 이상, 명백히 결점이 보이는 상대에 대해 어떻게 기분 좋게, 효율적으로 일을 시키는가는 대단히 중요한 점이다.

원래는 관리직이 되기 전에 스스로 유의하여 '리더들이 어떻게 다른 사람을 다루고 있는가?'를 잘 보고 제왕학에 대해 배워야 한다. 그런 시기가 2, 3년은 필요한데, 그것을 하지 않고 올라갈 경우 시행착오가 일어나기 쉽다.

딱하다면 딱하다. 하지만 그것도 능력으로서의 한계에 속한다. 지금까지와 다른 능력이 요구되기 때문에 한계가 찾아오는 것이다.

결국 부장, 국장 등 직책은 여러 가지가 있는데, 각각의 입장에서 요구되는 능력도 달라짐을 알아야 한다.

'승진하기 전에 평직원으로 평가 받은 능력과 승진한 뒤에 임원으로서 평가받는 능력은 다르다'는 점을 알아야 한다.

직책이 올라가지 않으면 발휘할 수 없는 능력이란

또 반대의 경우로, 능력이 대단히 좋은 사람이라도 입사 초년부터 3년째, 5년째 정도의 평균적인 일을 담당하는 동안에는 그다지 일에서 두각을 나타내지 못하는 경우가 있다. 상사들은 이런 능력의 차이에 대해 잘 알고 있음에도 불구하고, 당사자는 일을 잘하지 못한다고 해서 좌절하는 것이다.

예를 들어 대졸이라고 해도 전공이 아닐 경우 수치 계산에 취약한 사람이 많다.

그 때문에 전통이 있는 회사에 들어가서 전공과는 무관한 엑셀 등을 이용하여 수치화된 업무를 하라는 식의 요구를 받으면 잘할 수가 없게 된다. 계산기조차 별로 사용한 적이 없고, 배운 적이 없는 프로그램을 활용한 일을 맡으면 오랜 기간 고생하는 경우가 많다.

확실히 일반적인 업무 수준이면 자신보다 잘하는 사람은 많을지 모르지만, 어려운 공부를 한 사람의 능력을 평가 받는 것은 경력이 좀 더 쌓이고 난 후임을 스스로 알아두어야 한다.

사람을 다스리는 연령이 되면 판단력 등의 능력이 발휘되지만, 평직원으로서 잡일을 하는 단계에서는 그런 것이 별로 플러스로 평가 받지 못하는 경우가 많기 때문에 담력이나 인내력이 필요할 경우도 있다.

근시안적인 상태가 되지 말고
커다란 안목으로 전체를 보자

앞에서는 첫 번째로 '슬럼프에 빠지는 사람은 우수한 인격이 많다는 것을 알아 두라'고 서술했는데, 두 번째는 '너무 괴로워서 고민할 경우, 자신은 전체 속에서 어느 정도의 실력인가를 생각하라'는 것이다.

　이것은 회사에 한하지 않고 학교에서도 똑같은 일이 있을 것이다.

　일반적으로 우수한 사람은 우수한 사람이 모이는 학교에 가고 싶어 하는 것이 보통이다. 그리고 우수한 사람이 200명, 300명 이상 모인 곳에 가서 그 속에서 자신의 실력에 대한 평가를 겨뤄보고 싶어 하는 것이다.

　왜 일부러 실력을 겨루기 위해 가는 것일까?

　지금 일본에서 운영하는 학원에서는 성적을 '1 단위'로 산출해서 대체로 '5' 정도의 간격으로 지망학교를 나누는데, 수험생들은 일반적으로 성적보다 상위권에 지원을 한다. 요행이라도 좋으니 합격하기를 바라면서 분수에 넘는 지원을 한다. 그러나 다행히 합격했다고 해도 학교에 들어간 다음에 수준 차이로 인해 힘들어 괴로워하는 경우가 많다.

　그것은 사회인이 되어서 큰 회사에 들어가고 싶어하는 것과 같은 것이라고 생각한다. 대기업 같은 곳에서 근무하면 자신이 높게 평가받는 것과 마찬가지로, 학교 이름이 유명하면 대단하다는 말을 들을 수 있으므로 동경심을 가지고 들어가고 싶어 하는 것이지만, 들어가고 나서 행복할지 어떨지는 별개의 문제이다.

이와 같이 우리는 유치원이나 초등학교부터 계속 경쟁을 하면서 자라왔고 대학교를 졸업하고 회사에 취직할 때까지 그 상황은 이어진다. 마치 불행해지기 위한 특급열차에 탄 것처럼 보여진다.

게다가 어려서부터 너무나 과격한 경쟁에 짓눌린 사람은 점점 자라면서 정신적으로 심신질환에 걸려 힘들어 하는 경우도 많고, 또 지칠 대로 지쳐 있기도 하다. 그 때문에 일류대학을 나왔다고 해도 실제로 회사에 들어간 다음은 진취적이지 못하고 몸은 약해지며 꿈은 없어지는 상태에 빠진 사람이 많다. 그럼에도 불구하고 '티켓만 손에 넣으면 이긴다'고 믿고 줄곧 그 목표를 향해 경쟁을 하고 있으므로 안타깝다는 생각이 든다.

아마 근시안적으로 가까운 곳밖에 보이지 않기 때문에 그렇게 되기 쉽겠지만 부디 좀 더 커다란 안목으로 넓게 보기를 바란다. 오히려 다소 대담한 면이 있어도 좋지 않을까 한다.

그 다음에 너무 무리를 하지 않는 것도 중요하다.

최근에는 학원 등도 잘 터득했는지, 선배들을 보면 지망학교에 턱걸이로 들어갔다고 해도 나중에 뒤처지는 사람이 많기 때문에 '너무 무리하지 말고 한 단계 낮춰서 가는 쪽이 좋습니다.

들어가고 나서 편하니까요'라는 등의 충고를 한다. 확실히 경쟁사회에는 좋은 면이 있기는 하지만 일찍 포기하는 경우도 많으므로 그 부분에 대해서는 잘 생각해 보는 것이 좋을지도 모른다.

그것은 회사에서도 같다. 너무 경쟁이 심한 기업에 들어가면 출세하기가 힘들지만, 약간 아래 단계의 회사에 가면 좀 더 출세할 수도 있다. 단, 너무 낮춰가면 불행한 감각이 강해서 견디지 못할 수도 있다.

역시 '전체 속에서는 어떤가?'라는 눈으로 봐 두는 것이 좋다. 좁은 세계 안에서만 생각하면 아무래도 좋지 않다.

예를 들면 입시에 대해서도 서열만을 생각할 경우, 수능시험 등에서는 50만 명이나 60만 명이 응시하여 1등부터 최하위까지 순위가 나오는데, 실제로 그 순위대로 능력이 주어지는 것은 아니다. 이것은 어른이라면 누구나 아는 일이다. 이런 성적 따윈 일주일마다 시험을 치면 모두 뒤집힌다는 것을 보통은 알고 있으며 '그것이 평생 통용한다'고 생각하는 쪽이 있다면 오히려 이상할 정도이다. 이 점은 주의해야 할 부분이라고 생각한다.

새로운 자신을 발견할 기회

시대의 변화에 대응하지 못하는 문화는 무너져 간다

지금 '일본사회가 이상해졌다'는 지적을 받는데, 그것은 옛날처럼 입사만 하면 퇴직 때까지 평생 근무하였던 평생직장의 구조가 무너지고 있기 때문이다.

여기에 '들어가기만 하면 후배에게 추월당하는 일도 없이 쉽게 올라가서 정년까지 갈 수 있다'고 생각하는, 변화하는 시대에 대응하지 못하는 유형의 사람들이 너무 많기 때문이다. 이런 문화를 철저히 부수지 않으면 시대의 변화를 감당할 수 없게 된다.

옛날 해군에서는 '해먹 넘버hammock number'라고 해서 해군병학교(해군사관학교)의 졸업석차 등에 의해 정해진 번호가 해먹(그물침대)에 기입되어 있었다. 요컨대 졸업 때의 서열로 정해지고 다음에는 그 순번으로 출세해 갔던 것이다.

그런데 전쟁 등은 실력의 세계이므로 이런 성적순에 의해 승리할 리가 없다. '성적이 1등인 사람이 2등인 사람과 싸우면 반드시 이기는가?'하면 그럴 리 없으며, 실전에서는 오히려 정반대가 되는 쪽이 많다. 싸움에서는 그다지 인텔리가 아닌 자가 동물적 직감 등에 의해 승리하는 일이 있는데, 인텔리 쪽은 너무 신중하기 때문에 도리어 안 되는 것이다.

또 육군사관학교나 해군사관학교에서는 '과거의 싸움'에 대한 기록을 가르치고 열심히 암기시켜서 시험을 치르도록 했다. 따라서 옛날에 일어난 일을 잘 암기하여 능숙하게 답안을 쓸 수 있었던 사람은 성적이 좋겠지만, 실제로는 교관이라고 해도 미래에 일어나는 전쟁에 대한 모범답안을 쓸 수 있을 리가 없다.

다시 말하여 '미래에 일어나는 싸움에 대해 어떻게 대응하는가?'라는 능력에 대해서는 평가할 수 있는 방법이 없다. 그런데 과거에 일어난 싸움에 대해서라면 '어떻게 하면 승리할 수 있는가?'라고 출제될 경우 '이렇게 하면 승리할 수 있다'고 하는 답안은 쓸 수 있다.

이것은 대단히 어려운 테마이기는 하지만, 현대사회에서 던져지는 질문의 능력수준은 이와 같이 미래에 대한 대응 방법이 요구되어지는 것의 부분이 아니겠는가?

'이에야스가 패했을 것이다'라고 주장한 독일의 참모들

예를 들어 '세키가하라関が原의 싸움'에 대해 말하면 도쿠가와 이에야스德川家康의 동군과 이시다 미츠나리石田三成의 서군으로 나뉘어 진지를 짜고 싸웠는데, 군세의 수는 거의 같은 정도이기는 했지만 서군 쪽이 약간 많았다. 그리고 그때의 포진을 메이지 시대에 독일 참모본부에서 군사교련을 위해 일본에 초청되었던 참모들에게 보여주었더니 누구나 다 '서군이 이긴다'고 했다.

일본 측이 '그렇지 않습니다. 이 사람이 배반해서 서군이 졌습니다'하고 설명해도 '아니, 배반이 있었다고 해도 이것은 이길 수 있는 싸움이다. 이 포진이라면 서군이 이기지 않으면 이상하다. 작전으로서 보면 절대로 그렇다. 왜 서군이 졌는지 알 수 없다'고 말했다고 한다.

'세키가하라의 싸움'은 400년 전의 전투이지만, 지금부터 100년쯤 전에 독일의 근대적 군사사상을 가진 사람이 그 포진을 보고 '서군이 이긴다'고 했으므로, 역시 싸움은 실제로 해 보지 않

제1장 슬럼프를 극복하는 법

으면 알 수 없는 법이다.

왜 동군이 이겼는지 분석해 보면 결국 종교적으로는 '이에야스의 영적인 힘' 때문이라고 할 수 있다. 우두머리의 영적인 힘의 차이라고 할 수 있는 것이다. 미츠나리 쪽에는 그만한 영적인 힘과 운세가 없었으며, 사람의 마음을 사로잡아 이길 수 있는 기회를 끌어올 만한 힘이 없었던 것이 아니겠는가?

한편 이에야스에게는 그만한 영적인 힘과 염력念力이 있었던 것이다. 역시 '이길 수 있는 사람은 이길 수 있다'는 것이며 그것은 실전에서 단련된 강함이기도 할 것이다.

그런 의미에서는 아무리 과학적으로 분석하여 '이 지형에서 이 포진으로 이 인원수라면 이길 수 있다'든지 '진다'고 말해도 실전에서는 다른 경우가 있다.

그것은 바로 실전에서의 승부감각이 아닐까? 더군다나 이에야스는 히데요시秀吉가 건재할 때도 히데요시에게 이긴 적이 있는 남자이다. 작은 싸움이기는 했지만 고마키·나가쿠테小牧·長久手의 전투에서 히데요시에게 이겼다는 것이 '자신自信의 원천'이며 카리스마의 원천이었다. 요컨대 '히데요시마저 이긴 남자'라는 것이다.

그렇게 히데요시조차 이기지 못했는데 히데요시의 부하들이 모여서 나간들 이길 수 있을 리가 없다는 견해가 하나의 법칙으로서 도출된다. '히데요시의 부하 따위가 나와서 싸웠다고 해도 이길 수 있을 리가 없다. 대장이 있을 때조차 이길 수 없었던 상대이다'라는 생각이 모든 사람의 머릿속에 들어 있는 것이다.

그렇게 되면 아무리 군사지식에서 보면 '서군이 이긴다'고 말했다 해도 역시 패하게 된다. 이런 힘의 원리가 작용되는 것이 실전이다.

실력주의로 인재를 발탁하여 승리한 미국 해군

그런 의미에서 보면 해군사관학교에서의 졸업석차를 바탕으로 하여 차례로 사령장관에 승격시켜 가도 승리할 수 있는 것은 아니다.

그런 연유로 미국은 철저한 실력주의에 기하여 인재를 발탁하고 있었다. 미국 해군사관학교에서는 중간 정도의 성적이었던 사람이 마지막에는 원수가 되거나, 실전을 보고 강하다고 생각하면 발탁하여 끌어올려 갔던 것이다. 그런 점에서는 뛰어난 면이 있었다고 생각한다.

또 그런 영향 탓인지 2차 세계 대전 후에는 일본도 약간은 바뛰었지만, 그래도 '어렵더라도 들어가기만 하면 최고의 자리까지 올라갈 수 있다'는 문화가 이어지고 있었는데 지금 그것이 무너지려 하고 있는 것이다.

지금까지 하던 방법이
통하지 않게 되었을 때의 대처법

역시 그런 변화에 대응해 가는 힘을 가져야 할 것이다.

지금 슬럼프에 빠진 사람은 '지금까지 자신을 꽤 뛰어난 사람이라고 생각했었는데, 이미 정해진 릴레이 경주의 코스처럼 누구나 예상하는 길을 달리는 것에 관해서만 대단히 우수한 주자였던 것이며, 코스가 정해지지 않은 곳에서는 힘을 발휘하지 못하는 유형일지도 모른다'는 것을 알아야 할지도 모른다.

길이 없는 길을 새롭게 만들어 가는 것은 지금까지와는 다른 또 다른 부가가치를 창출할 수 있는 기회가 주어진 것인데, 일명 수재라고 하는 사람들에게서는 좀처럼 할 수 없는 일이기도 할 것이다. 수재란 지금까지 이루어져 있던 일에서 나름대로 분석하고 연구하여 결과를 이루어내는 유형이기 때문에 창의력과 개척 정신이 요구되는 미래에 대한 답을 내놓을 수가 없는 것이다. 그렇다면 지금까지 해왔던 업무에 너무 익숙해져 새로운 시도를 하려는 노력이 부족한 것이 아닐까?

역시 이것을 깨뜨리는 힘이 필요하다. 지켜야 할 때는 지킨다고 해도 부숴야 할 때는 부숴야 한다. 비록 상사의 명령이라도 능숙하게 깨뜨리지 않으면 발전하지 못할 수가 있다. 그리고 그런 힘이 난세에는 필요해진다.

만일 슬럼프의 이유가 능력, 혹은 일을 하는 방법이 지금까지 하던 대로의 연장선상에서는 통하지 않기 때문에 벽에 부딪친 것이라면 사고방식을 바꿔야 한다. 지금까지의 방식으로 성공해 왔으므로 똑같은 방법으로 계속해 나가도 문제가 없을 것이라고 생각했더니 그런 방법이 통하지 않게 되고 그래서 슬럼프에 빠졌다면 '방법을 바꿔야 할 때가 왔는지도 모른다. 그러기 위한 시간이 지금 주어진 것이 아닐까?'라고 생각해야 할 것이다.

자신의 벽을 부수는 것은 역시 자기자신이다. 용기를 가지고 스스로 껍질을 벗어야 한다.

예를 들어 행복의 과학에서는 항상 모든 직원들에게 수재적인 능력뿐만 아니라 그와 반대의 능력도 필요한 업무가 주어진다. 이 점이 행복의 과학의 강한 부분이다. 어느 쪽 면이 요구될지 알 수 없기 때문에 항상 자신을 훈련하고 채찍질해야 하기 때문이다.

다만 여기에는 의도적으로 그렇게 하는 면이 있다. 왜냐하면 이렇게 하지 않으면 금방 벽이 생기기 때문이다.

언제나 똑같은 방식으로 하게 되면 모두 똑같은 사고방식이 될지도 모른다. 그렇게 한 가지 방식으로 가면 갑자기 상황이 변화했을 때 벽을 깨뜨릴 수 없게 되므로 때때로 그것을 부수는 것이다. 때때로 터무니없을 정도로 난감한 방식도 시도해보지 않으면 사고방식이 바뀌지 않으므로 끊임없이 해야 한다.

그러므로 벽에 부딪쳐 어려움에 처한 사람은 거기서 '변신할 기회가 왔다'고 받아들이는 것도 중요하다고 생각한다.

번데기 시절을 거쳐야만 나비가 될 수 있다

슬럼프일 때의 마음가짐으로서 첫 번째는 '자신은 우수한 인격이라고 자각하라'고 했다.

두 번째는 '전체 속에서의 위치를 생각하라'고 했다. 좀 더 통계학적으로 생각하라는 것인데 예를 들어 수험생이라면 '특수한 그룹 속에서나 자신이 속한 학교 안'에서만이 아니라 몇만 명이 있는 가운데에서 자신은 어느 정도의 위치가 되는가? 또 회사라도 회사 전체에 몇천 명, 몇만 명의 사원이 있는 가운데에서 어느 정도가 보통인가? 그 부분에 대해 '전체를 잘 보면서 생각하라'는 것이다.

그리고 세 번째, 우선 슬럼프가 된 이유 중에 '지금까지의 연장선상에 성공이 없을 경우도 있다. 똑같은 방법대로 계속 성공할 수 없음에도 불구하고 본인이 그것을 알아차리지 못했기 때문에 벽에 부딪치거나 혹은 함정에 빠지거나 한 것처럼 보여서 발버둥치는 경우가 있다'는 말을 했다.

나아가 알기 쉽게 말하면 '변신', 영어로 말하면 '이노베이션'이 되는데 '새로운 자신을 발견할 기회가 온 것이라고 생각하라'고 서술했다.

다시 말하여 본인은 '일이 잘 안 된다'고 생각하겠지만 어쩌면 '그렇지 않을지도 모른다'는 말이다. 왜냐하면 지금까지 하던 방법이나 지금까지의 자신의 능력으로는 안 되는 경우가 있기 때문이다.

그때 나는 전력으로 대처한 셈인데도 안 된다. 이것은 능력의 한계가 왔음에 틀림없다고 하는 관점도 있겠지만, '변화해야 할 때가 온 것인지도 모른다. 변화만 하면 나에게는 또다시 새로운 길이 열린다'는 관점도 적용된다.

예를 들면 애벌레인 채 언제까지나 나뭇가지나 땅바닥을 기는 동안은 스스로도 '이것이 최고의 자기 모습이다'라고 생각할지 모른다. 잎사귀를 먹으면서 빠른 속도로 나뭇가지를 길 수가 있는 것을 가지고 나는 '엘리트 애벌레다'라고 생각하고 그것으로 만족할 것이다.

그런데 어느 날 몸이 굳어져서 움직일 수 없게 되면 '어떻게 된 거지? 번데기가 되어 버렸어. 이대로 죽는건가?'하고 당황하게 된다. 그러나 그 다음에는 번데기의 껍질이 갈라지면서 나비가 되어 날아가는 시기가 온다.

사람에게 슬럼프의 시기란 나비의 번데기에 해당된다고 볼 수 있다. 엘리트 애벌레가 움직일 수 없게 되는 것은 대단히 괴로운 일이다. 몸이 굳어지고 약해져서 '어떻게 된 거지? 나는 대체 어떻게 되는 거야. 이대로 미라가 되어 죽는 것일까?'하는 느낌이 들 것이다. 그러나 얼마 지나지 않아 날개가 생겨서 전혀 예상치 못했던 또 다른 자신이 나타나는 것이다.

그리고 '하늘을 날 수 있다. 가지 위를 빨리 기는 것이 엘리트라고 생각했는데 하늘을 난다고 하는 이런 근사한 일이 있었던가? 아직도 미래는 있었구나'하고 느낀다. 그런데 이런 일은 그때가 되지 않으면 알 수 없다. 애벌레로 있을 때는 아직 알 수 없다.

  이와 같이 번데기 시절이 왔다고 해도 이윽고 '우화등선_{羽化登仙}'하여 하늘을 날게 되는 것이다. 매우 기분이 좋을 것이다.

  인간의 입장에서 보면 나비에게는 높은 지능도 없고 고도의 것도 생각하지 못한다고 여겨지지만, 하늘을 나는 기분은 인간보다 위일지도 모른다. 인간은 비행기라도 타지 않으면 하늘을 날 수 없으며, 헬리콥터 따윈 나비가 보면 웃음이 나올 정도로 서투르고 꼴사나운 비행체일 것이다.

  확실히 나비는 연료도 아무것도 필요 없이 날아서 바람을 타면 대만에서 한국이나 일본까지 올 수 있다. 그 정도는 쉬우며 비행기처럼 연료 따윈 전혀 필요 없다. 아마 그런 행복감을 맛보고 있을 것이다.

슬럼프의 시기는 새로운 자신을 향한 변신의 기회이기도 하다

  어쨌든 이런 '애벌레, 번데기, 나비의 시절'이 있다. 그러므로 '이제 이대로 죽어 버리는 건가?'라고 생각해도 그것은 번데기 시절일지도 모른다. 지금 당신은 번데기 시절, 즉 그 다음의 나비로의 변신을 위한, 새로운 자신을 만들기 위한 준비기간에 들어갔을지도 모른다는 말이다.

다만 번데기 시절에는 움직일 수 없는 것과 마찬가지로 슬럼프 시기에는 무엇을 해도 잘되지 않고 새로운 생각도 잘 나지 않는가 하면 진취적인 상태도 되지 못한다. 우울증에 걸릴 정도로 두문불출하는 일도 있을 것이다. 그러나 일정한 기간인 번데기 시절을 지나면 그 다음은 나비가 될지도 모른다.

아마 나비가 된 자신 따윈 지금까지 생각한 적도 없었다고 여겨지지만, 부디 상상해 보라. 그리고 새로운 자신이 될 기회일지도 모른다고 생각하기 바란다.

역시 한 단계 더 발전하고 성공하기 위해서는 누구나 '번데기 시절'을 거쳐야 한다. 일단 죽지 않으면 거듭 살아갈 수가 없다.

지금은 인생이 80년, 90년, 100년이 되는 장수 시대가 되었으므로 '자신의 과거 이미지가 일단 무너져서 어떻게 될지 알 수 없는 혼돈상태에 놓여 그 다음에 새로운 자신이 태어난다'고 하는 경험을 일생 동안에 몇 번인가 하지 않으면 안 될 것이다. 지금까지와 똑같은 채로는 안 된다. 역시 일생 동안에 두 번이나 세 번은 그런 '변신의 시기'를 맞이하지 않으면 앞으로는 잘되지 않으리라고 여겨진다.

부디 지금까지의 나는 잘해 왔다고 생각했는데 그것은 '애벌레로서 강한 발을 자랑했던 것이 아닌가? 다음에는 날개로 하늘을 날 수도 있지 않을까?'라고 생각해 주었으면 한다.

그와 같이 '번데기 시절'이라고 생각하면 힘을 모으며 때를 기다릴 수가 있을 것이다. 그동안에 아무것도 하지 않는 것이 아니라 힘을 축적하면서 조금씩 변화를 위한 준비를 해 가는 것이 대단히 중요하다.

슬럼프라고 생각했더니 또 다른 자기로 이행하는 기간이었다는 일이 흔히 있다. 나 자신도 이와 같은 일을 많이 경험하고 있다.

또 여기에는 어쩔 수 없는 면이 있다. 시기가 바뀌어 다음 국면이 나타나기까지는 아무리 발버둥 쳐도 어쩔 도리가 없다. 그동안은 애가 타고 초조해서 괴롭지만 때를 기다릴 수밖에 없다.

그러나 시간이 지나면 확실히 달라진다. 인간관계를 비롯해 여러 가지가 달라져서 단번에 새로운 국면이 나타난다. 참으로 이상하지만 이것은 어쩔 수 없다.

따라서 슬럼프일 때는 '이것은 번데기 시절이 아닐까라고 생각하여 다음 변신의 기회를 기다린다'는 것도 대단히 중요한 극복법이다. 그런 자신이 되기 바란다.

슬럼프에 대처하려면

대처 ❶ 현재의 고뇌에 집약한다

슬럼프의 시기는 견딜 수밖에 없는 경우도 많지만, 필자 자신의 경험을 돌아보고 어떻게 대처해 왔는가를 생각하면 그 밖에도 몇 가지 사고방식이 있었다고 여겨진다.

◎ 과거에 대한 걱정과 미래에 대한 걱정은 어쩔 수가 없다

우선 슬럼프의 시기에는 '과거에 대한 걱정'이라고 해서 옛날과 관련된 고뇌 등 어쩔 수 없는 과거의 일을 가져 와서 두서없이 생각하는 경우가 있다.
또 '미래에 대한 걱정(기우)'이라고 해서 아직 오지도 않은 미래의 불안과 같은 것으로 번민하는 경우도 있다.

그와 같이 현재가 움직이지 않는 느낌 속에서 과거에 대한 걱정이나 미래에 대한 걱정을 하는 경우가 무척 많으며 대개는 '과거'와 '미래'가 끈끈이처럼 달라붙어 떨어지지 않기 때문에 괴로워 어쩔 수가 없는 것이다.

요컨대 '어쩔 수 없는 것'에 대해 괴로워하고 있다. 어쩔 수도 없는 과거와 어쩔 수도 없는 미래라고 하는 이 두 가지에 대해 괴로워하는 경우가 대부분일 것이다.

그러나 실제로 자신은 과거와 미래 사이에서 현재를 사는 셈이므로, 앞에서 언급한 '번데기 시절'의 이야기와도 관련되는데 과거·현재·미래의 흐름에서 보아 시계열을 끊어서 생각하는 방법도 있다.

◎ 언제나 한 명을 상대하는
미야모토 무사시 식의 각개격파술

슬럼프의 시기에는 컨디션이 좋지 않으므로 수비의 시기임은 틀림없다. 고뇌라는 적과 싸운다고 해도 너무 싸움을 다면적으로 전개해서 이길 수 있는 시기는 아니다. 그와 같이 컨디션이 좋지 않을 때 많은 적을 상대로 해서는 도저히 이길 수 없을 것이다.

예를 들면 미야모토 무사시도 역시 다수의 사람과 싸움을 했지만 언제나 한 명을 상대하도록 노력했다.

무사시는 평생 60여 회 싸워서 전부 이겼는데 이길 수 있었던 이유 중의 하나는 발이 빨랐다는 것이다.

집단 속에서 싸우면 언젠가는 칼에 베여 당하고 만다. 그래서 달리는 것이다. 당연히 적은 뒤쫓아 오지만 다릿심에 차이가 나기 때문에 이윽고 흩어지게 된다. 그러면 발이 빠른 상대부터 차례로 해치워 가면 된다. 요컨대 빨리 달림으로써 상대방을 흩어지게 하여 언제나 한 명을 상대하는 것이다.

무사시는 그 밖에도 사방에서 공격받지 않도록 벽을 등지며 싸우는 전법을 썼으며 때로는 기습을 하기도 했다.

이와 같이 '한 명을 쓰러뜨린다'는 작전을 이용하면 무사시는 발이 빠르고 지구력이 있으며 팔 힘이 대단히 강했기 때문에 충분히 싸울 수 있었다. 그런데 네 명의 적이 전후좌우에서 치고 들어오면 쌍칼로 싸워도 어쩔 수가 없다. 그 때문에 둘러싸여서 위험에 처하지 않도록 언제나 상대방을 분산시켜 계속 한 명을 상대로 하면서 유리한 위치를 취하여 싸웠다.

예를 들면 자신 쪽이 체력도 완력도 있으므로 언덕길을 달려 올라가 뒤쫓아온 상대가 씩씩거릴 때 휙하고 베는 것이다. 그때 자신의 체력만 뒤처지지 않는다면 확실히 이길 수 있다. 이렇게 하여 상대를 불리한 조건에 두고 한 명씩 쓰러뜨렸다.

물론 종교에서 살인을 권하는 것은 아니다. '항상 한 명과 싸운다'는 이야기는 '사고방식의 비유'로서 이용하는 것이며 사람을 죽이라고 하는 것은 아니므로 오해하지 말기 바란다.

아무튼 과거나 미래에 대한 문제로 고뇌해 봤자 아무런 소용이 없다는 뜻이다.

대처 ❷ 현재의 고뇌를 열거하여 정리한다

하지만 이들 '적' 전부에 대해 비록 쌍칼로 싸운다고 해도 이길 수는 없다. 우선은 일단 적을 흩어지게 하여 각개격파해야 이길 수 있다. 가능한 한 싸움을 좁은 국면으로 한정하여 상대를 한 명으로 집약하지 않으면 이길 수 없다.

따라서 과거와 미래에 대해서는 일단 큰 가위로 잘라 버린다. 이들에 대해서는 생각해도 어쩔 수가 없다. 과거에 자신이 저지른 실패나 잘못, 그 밖에 대해 생각해도 어쩔 수 없으므로 일단 놔두는 것이다.

또 미래에 대해서도 내년, 내후년, 그 이후로 계속 이어지게 되므로 생각하기 시작하면 '적'의 숫자가 너무 많아지기 때문에 이것도 일단 놔둔다.

 우선은 현재라고 하는 울타리를 만들고 그 속에 문제를 한정해 본다. 그런 후에 자신이 관계해야 할 문제가 몇 개 있을 것이므로 '고뇌라는 이름의 적'이 대체 몇 명 있는지를 헤아려 본다. 물론 하나가 아니라 대개 다섯 개나 열 개는 나오리라고 생각되지만 이것들에 대해 '우선순위의 법칙'을 적용하여 차례로 해결해 가는 것이다. 대소를 나눔, 즉 줄기와 가지를 나눈다는 것도 중요하다.

 혹은 '세분화의 원리'도 사용할 수 있다. 지붕 위의 눈을 통째로 쓸어내릴 수는 없지만 삽으로 눈을 조금씩 퍼내면 전부 쓸어내릴 수가 있다고 하는 '눈 쓸어내리기의 비유'에 의해 설명할 수 있다.

 즉, 이들 법칙이나 원리를 사용하여 현재의 적을 분산시켜서 개별로 없애간다고 하는 스타일이다. 현재 바로 지금 '고뇌라고 하는 이름의 적'이 대체 몇 명 있는가? 이것을 열거하여 미야모토 무사시처럼 한 명 한 명 분산시켜서 쓰러뜨려 가는 방법을 생각해야 한다.

대처 ❸ 고뇌를 차례로 해치운다

◎ 근본 문제부터 해치우는 방법

그때 '어디서부터 어떻게 착수하는가?'라는 관점도 있다.
예를 들면 최초에 가장 강한 적을 쓰러뜨리는 방법도 있다. 적의 대장을 확 베어버리면 상대방은 전의가 없어져서 의기소침해지기 때문이다. 비록 60명의 적이 있다고 해도 갑자기 대장이 쓰러지면 부하들은 동요할 것이다. 그러면 뿔뿔이 흩어진 자를 차례로 쓰러뜨리면서 달아날 수가 있다. 이런 사고방식도 있다.
이것은 '우선순위의 법칙'이라고 하는 것으로 가장 근본이 되는 문제부터 해치운다는 방법이다.

◎ 간단할 것 같은 문제부터 해치우는 방법

또 가지고 있는 문제 중에서 해결하기 쉬울 것 같은 부분부터 해치워 가는 방법도 있다.
이것은 영적 세계에서 보면 악마가 자주 쓰는 수단이기는 하지만, 그 선악은 어쨌든 간에 '인생의 법칙'으로서는 공통되는 면이 있을 것이다. 요컨대 악마는 싸울 때 약한 곳부터 노려서 그것을 문제해결의 방법으로 쓰는 것이다.

예를 들면 문제가 다섯 가지나 있으면 그것만으로 혼란스러워 머릿속이 꽉 찰 경우가 있다. 그때는 어쨌든 다섯 개의 문제 중에서 가장 해결이 간단한 것을 골라내 우선은 그것을 해결하는 것이다. 그러면 문제는 네 개로 줄어든다. 나아가 그 다음으로 '약할 것 같은' 것을 노려서 또 하나 해결한다. 이것으로 문제는 세 개가 된다.

이와 같이 문제의 수가 줄어들면 가장 중요한 문제도 안개가 걷힌 것처럼 다소 가벼워지는 법이다. 물론 그 문제 자체는 대단한 것이기는 하지만, 다른 문제가 얽혀 있는 탓에 더욱 어렵고 복잡하게 보이는 면이 있기 때문에 그 얽혀 있는 것을 제거해 가는 것이다.

이것을 '악마의 법칙'이라고 부르는 것은 조심스럽지만, 육식동물의 세계에서도 적용된다. 예를 들면 사자나 호랑이가 양 같은 사냥감을 습격할 때는 대개 작은 새끼, 병이나 상처를 입고 약해진 것을 노린다.

이것을 싸움의 법칙으로서 받아들인다면 쓰러뜨리기 쉬운 적부터 쓰러뜨린다, 즉 가지고 있는 고뇌 중 가장 간단한 것부터 지워 가서 가짓수를 줄이는 방법이 되는 것이다.

◎ 큰 문제에는 세분화의 원리를 사용한다

그런 후에 최대라고 생각되는 문제에 매달리게 되는데, 예를 들어 회사의 경영 문제라면 그것은 꽤 커서 대단히 복잡하다고 생각된다. 경영 전체의 문제 등에는 역시 '세분화의 원리'를 써야 할 것이다. 선禪의 공안에 몰두하는 것처럼 신음만 하고 있으면 아무 소용이 없다.

이런 경우, 문제를 세분화하여 대체 무엇이 진짜 문제인지를 간파해야 한다. 과연 인재의 문제인가? 부채 문제인가? 아니면 신상품을 개발하지 못하는 괴로움인가? 매상이 있어도 돈을 회수하지 못하는, 요컨대 매상만 오르고 현금이 들어오지 않는다고 하는 회수하는 힘이 약한 것이 원인인가? 혹은 다른 곳에 라이벌이 나타나서 고객을 빼앗기고 있기 때문인가?

이와 같이 경영 문제 한 가지를 들어도 잘게 나누어 가는 것이 가능하다. 가장 큰 문제라고 생각하던 것이라도 잘게 나누어 가면 몇 개로 분해될 것이다.

그리고 자신에게 힘이 있다면 그 중에서 가장 중요한 문제를 제압하면 되며, 그다지 힘이 없으면 해결하기 쉬워 보이는 부분부터 차례로 해결해 가면 되는 것이다.

왠지 일이 잘 안 되는 시기를 극복하려면

다시 확인해 보자.

우선 고뇌에 대해서는 과거와 미래에 관한 것을 분단하여 그것을 제외한 다음, 현재 지금의 고뇌에 한정한다.

그리고 현재 자신이 관련된 문제 중에서 접근 방법에 따라서는 해결 가능한 것을 들어 본다. 아마 다섯 개나 열 개는 있을 것이다.

지금 자신의 역량으로 해결할 수 있을 것 같으면 그 가운데에서 중심이 되는 것을 공격하여 부숴 버리면 될 것이다. 그러면 나머지는 뿔뿔이 흩어져서 없애 갈 수 있다.

다만 가장 중심이 되는 고뇌를 해결하기에는 힘이 부족할 경우, 해결하기 쉬운 것부터 없애가서 우선은 문제의 수를 줄여 가는 방법도 있다. 그리하여 최후에 큰 문제가 남으면 이것을 더욱 분해하여 작은 문제로 해체한 다음, 중요한 문제나 주변 문제 중 어느 한쪽부터 해결해 가면 될 것이다.

물론 굴착기와 같은 힘이 있으면 좋겠지만, 힘이 부족하여 부삽으로 할 경우에는 도리가 없다. 아무래도 이길 수 없을 때에는 그와 같이 싸울 수밖에 없다. 당면한 적을 압축하여 적의 수를 줄여가는 작전을 세워야 한다.

다만 이와 같이 분류해 가면 슬럼프 시기의 '원인을 알 수 없지만 일이 잘 안 된다'고 하는 상황이 어느 정도 해결되어 갈 것이다.

실제 예 ☞ 야구의 슬럼프를 극복하려면

◎ 잘 치지 못하는 원인을 분류하여 공격 포인트를 확인한다

앞에서 서술한 '4번 타자나 3할 타자가 치지 못한다'는 등의 문제에 대해서도 역시 잘 치지 못하는 원인을 분류하여 자신이 할 수 있는 것이 무엇인지 여러 가지로 생각해 보고 우선은 할 수 있는 부분부터 공격해 가면 된다.

예를 들면 타격 폼이 무너졌는가? 먹는 것이 좋지 않은가? 혹은 정신적인 문제로서 가족의 병이나 그 밖에 뭔가 고뇌를 가지고 있는가? 혹은 새로운 라이벌이 등장한 탓인가? 아니면 적 팀

의 투수에게 자신의 약점이 알려진 탓인가?

 확실히 자신의 약점을 적의 한 사람이 알아차리고 '안쪽으로 각도 높은 공에 약한 것 같다', '거기에 공을 넣으면 제압할 수 있다'고 한다면 결국은 다른 팀도 흉내를 낼 것이다. 그 결과 누구나 다 그쪽으로 던져오기 때문에 치지 못하게 되었는지도 모른다.

 이와 같이 여러 가지 원인이 있을 것이므로 이것들을 세밀하게 분석해서 어디서부터라면 '싸울 수 있는가?'를 확인해야 한다.

 또 홈런 타자가 치지 못할 때의 탈출 방법으로는 몸의 컨디션이 좋지 않은 것이므로 일단 홈런을 노리지 말고 안타라도 좋으므로 칠 수 있도록 해야 한다. 그렇게 하는 동안에 컨디션이 되돌아올 수도 있다.

 혹은 선사禪寺에 가서 틀어박히거나, 검도 연습을 하는 등 여러 가지로 그것을 실행하는 방법은 있으므로 역시 개별적인 해결책을 찾아가야 할 것이다.

 다만 기본적으로는 '과거와 미래의 고뇌를 따로 떼어내고 현재 지금의 고뇌에 한정한 다음에, 그 안에서도 상대를 집약하여 해결한다'는 스타일을 취하지 않으면 그렇게 간단히 해결되지 않는다.

◎ 과거의 평균 타율에서 자신의 인생 실력을 알고 신뢰한다

또한 야구의 타자를 참고로 한다면 또 하나의 관점으로서 '평균 타율의 법칙'도 생각하는 것이 좋다. 다시 말하여 '자신의 과거의 실적에서 볼 때 이 정도는 할 수 있다'는 식으로 자신의 능력을 객관적으로 알고 있을 필요가 있다.

예를 들면 오사다하루王貞治 씨가 현역의 홈런 타자였을 때에도 한 달 동안 홈런을 치지 못하는 일이 자주 있었다. 이상하게도 그런 사람일수록 슬럼프가 있는 것이다. 반드시 항상 일정하게 칠 수 있는 것이 아니라, 상태가 좋을 때는 집중하여 칠 수 있지만, 칠 수 없을 때는 한 달 동안 전혀 치지 못한다. 그처럼 객관적으로 보면 가엾을 정도로 치지 못하는 시기가 있지만, 시즌을 통해서 보면 그만그만한 성적을 남겼다.

요컨대 연간 백몇십 회 정도의 시합이 끝나고 보면 홈런을 30개 칠 수 있는 사람은 30개를, 40개 칠 수 있는 사람은 40개를 칠 수 있는 것이다. 그것이 어디서 나올지는 알 수 없다. 봄에 나올지, 여름에 나올지, 가을에 나올지, 그것은 알 수 없지만, 치지 못

하는 시기가 있었다고 해도 1년을 통해서 보면 역시 3할 타자는 3할을 치며, 홈런을 40개나 치는 힘을 가진 사람은 언제든 몰아치기를 하여 개수가 늘어난다.

물론 치고 싶음에도 불구하고 '6월에는 치지 못했다'든가 '8월에 치지 못했다'든가 하는 일이 있었다고 해도 연간을 통한 '평균 타율의 법칙'으로 보면 그만그만한 실적이 남는 것이다.

슬럼프의 시기에는 '나는 안 돼'라고 하며 스스로를 깎아 내리기 쉽지만 자신의 객관적인 실력으로서 '지금은 잘 치지 못하지만 이 정도까지는 할 수 있을 것이고 이 정도의 평가는 받아야 당연하다'고 하는 기준을 가질 필요가 있을 것이다.

그 기준에 비해 지금의 평가가 너무 낮거나 결과가 너무 나쁘거나 할 경우에는 그것을 보완하는 식으로 컨디션이 좋아지면서 성적이 올라갈 것이다. 그 시기가 반드시 오므로 그런 의미에서 자기신뢰를 가져야 한다.

예를 들어 발명 등의 분야라면 똑같은 일이 있지 않겠는가? 요컨대 전혀 발명을 하지 못하는 시기가 있었다고 해도 얼마 지나지 않아 아이디어가 나오기 시작하는 것이다. 역시 자신의 '평균 타율'을 보고 '과거에 한 일에서 보면 이 정도는 할 수 있을 것이다'라고 하는 실력에 대한 자기신뢰를 가져야 할 것이다.

그러면 일이 너무나 잘 안 되거나 성과가 적거나 해도 머지않아 일이 잘 된다. 그것이 1년 안에 해결되지 않을 경우에도 3년 정도를 평균해 보면 대개 자신의 실력대로의 일이 되어 있는 느낌이 들 것이다.

비록 잘 되지 않는 시기가 반 년 정도 이어졌다고 해도 그 다음부터 갑자기 일이 잘 풀리게 되어 1년이나 3년을 평균하면 대개 비슷한 실력이 나올 것이다. 만약 그 이상으로 성과가 올라갈 경우에는 자기자신의 평균 실력 자체가 올라간 것이라고 여기면 된다.

이와 같이 상태가 나쁠 때에도 포기하지 않고, 평균적인 실력에 대해 '나로서는 이 정도다'라고 알아 두고 그것을 신뢰하는 것이 중요하다. 늘 '최고일 때'와 같이 되지는 않겠지만 '평균 실력은 이 정도다'라는 사고방식을 가질 필요가 있다.

최악의 사태를 극복한다

우선은 최악의 사태를 받아들일 각오를 한다

젊을 때의 나는 데일 카네기의 저서에서도 많이 배웠는데, 거기에는 '최악의 경우를 받아들이는 각오가 중요하다'고 쓰여 있었다. 이것도 하나의 지혜이기는 하다.

'지금 가지고 있는 문제에서 볼 때 자신에게 최악의 사태란 무엇인지를 생각하고 그것을 받아들일 각오를 한다. 그런 각오를 하면 마음이 그다지 흔들리지 않게 된다. 다음은 냉정하게 그 상황을 조금이라도 호전시킬 방법이 없는지를 생각한다'고 하는 구절이 있었는데, 이것도 좋은 사고이며 많은 도움이 되었다.

우선 '현시점에서 자신에게 찾아올 최악의 사태가 무엇인가? 지금 가진 문제에 관해 과거·현재·미래 전부의 시점에서 볼 때 최악의 사태로서 무엇이 일어날 수 있는가?'를 생각해 본다.

그리고 그것을 받아들여 '최악의 사태에서도 어떻게든 해 나가자'고 생각해 보는 것이다.

예를 들어 회사가 도산하면 어떻게 될까? 결코 전원이 금방 죽을 리는 없다. 전직하는 길도 있다.

또 자기자신의 일에서 큰 실패를 하여 '해고당할지도 모른다'고 두려워하고 있다고 하자. 그 경우 최악의 사태로는 구조조정을 당해 회사에서 떠나야 할 것이다.

그러나 그것들을 받아들이면 '그 외에도 길이 있을지 모른다. 아직 구체적인 회사는 정해져 있지 않지만 내 기능에서 볼 때 아직 일할 수 있는 곳은 다른 곳에도 있을 것이다'라는 마음이 되지 않을까?

혹은 가족이 병이 들거나 죽거나 하는 일도 있다.

그러나 아버지나 어머니가 암에 걸렸다고 해도 이런 일은 현대사회에서는 평균적으로 세 집에 한 집 정도의 가정에 일어나는 일이며, 어떤 의미에서는 어디에서나 일어날 수 있는 일이다.

그것은 예상하지 못한 사태였는지는 모르지만, 인간은 어떤 병이든 걸리는 법이며 최근에는 사망원인으로 암이 많으므로 있을 수 있는 일이다. 그럼에도 불구하고 집안에 환자가 생기면 대단한 충격으로 다가오는 것이다.

　물론 자신의 부인이 암에 걸릴 수도 있는가 하면 자기자신이 암에 걸릴 수도 있다. 그리고 나을 수도 있지만 낫지 않을 수도 있다.

　그럴 경우 최후에는 받아들일 수밖에 없다. 가족이 죽을 수도 있고 자기자신이 죽을 수도 있다.

　예를 들면 독자 가운데 100년 후까지 살아 있는 사람 따윈 있을 리가 없다. 거의 대부분 세상을 떠났을 것이다. 누구나 다 언젠가는 죽는 법이며 빠르냐 늦느냐의 문제이다.

　그런 의미에서 암이라는 사실을 받아들이고 최악의 사태를 상정한 후에 '이것을 기회로 확고히 저 세상에 대한 공부를 하여 심경을 가다듬자'고 결심하면 그뿐인 일이 되는 것이다. 그 후의 일이 걱정일지도 모르지만 '어떻게든 되겠지'하는 마음으로 받아들이고 냉정히 생각하면 방법은 찾아낼 수 있다.

암 선고를 받고도 오래 사는 사례

　미국 등에 의하면 말기 암 환자가 암 선고를 받아도, 사람에 따라 수명(여명)이 달라진다는 결과가 있었다.

예를 들면 '당신은 암입니다'라는 선고를 받고 '암인가? 이제 남은 인생이 짧구나. 이건 안 되겠다'고 생각하고 죽어라고 일한 사람은 비교적 단기간에 죽는 것 같다.

또 '암입니다'라는 말을 듣고 슬퍼 한탄하며 '이젠 끝장이야'라고 비탄에 빠지는 사람도 빨리 죽는 것 같다.

그런데 '당신은 암입니다'라는 말을 듣고 '암입니까? 어쩔 수 없군요. 인생은 체념도 중요하니까 받아들이고 살 수밖에 없습니다. 남은 인생을 되도록 마음 편히 살아가지요'라고 생각하는 사람은 의외로 그렇게 짧은 기간에 죽지 않는다고 한다.

다시 말하여 어떤 의미에서 체념하여 운명을 받아들이고 운명과 협조하여 사는 사람, '암에 걸리는 것도 인생이야. 세 명에 한 명 정도는 걸리는 것 같으니까 남은 인생을 그 나름대로 평온하게 살아가자'고 생각하는 사람은 의외로 의사의 예측에 반하여 장수하는 모양이다. 그런데 덮어놓고 분발하는 사람은 예상보다 빨리 죽게 되는 것 같으며 너무 비탄하는 사람도 일찍 죽는 모양이다.

대개 이 세 가지 유형이 있는 것 같은데 예외도 약간 있다.

그것은 아주 강한 확신을 가지고 '내가 암에 걸릴 리가 없다', '암이 아니다. 암이 아니다. 건강하다. 건강하다'라고 자기최면을 계속 걸며 분발하는 사람이다. 이따금 이런 사람이 예상에 반하여 오래 산다고 한다.

이것은 '종교의 세계'인데 확실히 행복의 과학에서도 이런 일이 일어나고 있으며, 그렇게 말하며 자기최면을 계속 거는 동안에 장수하는 사람이 있다고 한다. 다만 이와 같이 '이차원異次元 파워'가 작용하여 낫는 경우는 약간 예외이기는 하다(주, 신앙이 깊어짐에 따라 말기 암이나 난치병 등의 환자가 기적적으로 낫는 사례가 해마다 증가하고 있다. ≪불멸의 법≫, ≪초・절대건강법≫ 등 참조).

일반적으로는 너무 적극적으로 살고자 노력하는 사람과 너무 낙담하는 사람은 빨리 죽고, 그 나름으로 받아들여서 암과 협조하여 살아가려고 하는 사람은 오래 사는 경우가 있다고 한다.

죽음의 공포는 종교에 의해 극복할 수 있다

어쨌든 '최악의 사태가 일어날 수는 있지만 그것을 받아들이면 그 나름으로 또 사는 길이 있다'는 뜻이다.

아마 최악의 사태를 생각할 경우 '재산을 잃는다'든지 '회사나 일을 잃는다'든지 여러 가지 있겠지만, 가장 슬픈 일로서 마지막까지 남는 것은 '자신이 죽는' 것 정도가 아니겠는가?

그러나 행복의 과학에서는 사후의 세계에 대해 설하고 있으며, 애초부터 죽는 것을 전제로 하여 교리가 만들어졌으므로 '이때를 위해 종교에 들어왔던 것이다'라고 생각하면 대수로운 일이 아닐 것이다. 그것은 이미 해결된 문제이다.

그 다음에는 남겨진 시간으로 내세에 조금이라도 좋은 세계에 갈 수 있도록 수행을 높일 수밖에 없다. 남겨진 시간이 몇 년인지 혹은 몇 개월인지 알 수 없지만, 여기서 수행의 강도를 높이는 것이다. 죽음을 받아들이고 주위에 폐를 끼치지 않도록, 또 자기자신을 너무 괴롭히지 않도록 하며 살아가는 것이 중요하다.

요컨대 슬럼프 탈출에 대해서는 마지막에 방법이 다하면 최악의 사태를 받아들이자는 말이다.

회사라면 도산할 수도 있다. 일이라면 해고될 수도 있다. 병이라면 가족이 죽을 수도 있고 자기자신이 죽을 수도 있을 것이다. 혹은 입시라면 떨어질 수도 있다. 그와 같이 최악의 사태는 있지만 그것을 받아들이는 마음의 자세가 되면 다음은 무서울 것 따위 없게 된다.

'마지막에는 최악의 경우를 받아들이고 그 후 조금이라도 좋아질 수 있는 방법이 없는지를 모색해 본다.' 이것만으로도 상당한 해결이 될 것이다.

　본 장에서는 '슬럼프 탈출'에 대해 여러 가지로 서술했다. 참고가 되기를 바란다.

제2장

시련을 이겨낸다

후회하지 않는 인생을 끝까지 살려면

시련을 이겨낸다는 것은 대단히 중요한 사고방식

망설일 때는 언제나 어려운 길을 택한다

본 장에서는 '시련을 이겨낸다'는 제목으로 서술해 가기로 하겠다.

'시련을 이겨낸다'는 것은 일반적인 테마이며 종교에서도 보편적인 테마일 것이다. 또 종교를 넘어 인생 전반, 혹은 사회생활 전반에 있어서도 대단히 중요한 사고방식이 아닐까?

본 장에서는 이 테마에 관해 현시점에서 내가 생각하는 것을 되도록 간결하게 서술해 가고자 한다.

우선 나 자신에 대해 돌아보면 '원래부터 시련을 이겨낸다는 것을 좋아하는 타입의 인간이었다'고 실감하고 있다.

나의 중학교 시절에 대해 언급한 저서에서도 서술한 적이 있는데(《지적 청춘의 권유》 참조), 나는 '온 힘을 다해 좁은 문으로 들어가라'는 말을 대단히 좋아했다. 그리고 '망설일 때는 어려운 길 쪽을 택한다'는 삶이 나로서는 좋았다.

　이것은 ≪성서≫의 구절에 나오는 말이다. ≪성서≫에는 '멸망에 이르는 문은 넓고 그 길로 들어가는 자는 많다. 그러나 생명에 이르는 문은 좁고 그 길로 들어가는 자는 적다'고 하는 내용이 쓰여 있어서, 나는 '생명에 이르는 문은 대단히 좁고 그 문을 통과하는 것은 대단한 어려운 일이구나'하고 마음에 새기고 있었던 것이다.

　나에게는 그 말이 되풀이하여 인상적으로 느껴졌는데 그것은 그 말에 반응한 시점에 '나는 이런 유형의 인간'이라는 것을 나타내고 있었던 것이다.

　인생을 살아나감에 고난이나 어려움 등 여러 가지 시련에 맞닥뜨리는데, 나는 '그것을 요령 있게 피해서 통과하면 된다'고 생각하는 인생관의 소유자는 아니었다. 또 나의 사고방식은 '별일 없었다', '평온무사했다', '아무 일 없이, 큰 허물없이 인생을 살아갈 수가 있었다'고 해서 만족하는 것도 아니었다.

　나는 '나의 혼의 향상', '나의 정신성 향상'을 커다란 테마 중의 하나로 내 나름대로 인식하고 있었다.

　그 후의 인생을 봐도 나는 역시 '망설일 때는 언제나 어려운 길을 택한다'는 것을 평소의 생각으로 삼으며 지냈다고 생각된다.

인생의 마지막에 자신의 꿈이 너무 작았음을 후회하고 싶지 않다

  그 어려운 길을 걷는 과정에서 물론 능력이나 경험, 노력의 부족 등이 수반되어 여러 가지 현실적인 장해와 마주쳐서 목표를 실현하지 못했던 적이 많았다.
  다만 나는 다음과 같이 생각하고 있다.
  큰 목표를 내걸고 그것에 도전해서 목표에 도달하지 못하거나 성공하지 못해서 후회하는 사람이 많을 것이다. 그러나 그런 실패나 성공하지 못했던 것에 대한 후회보다도 인생을 돌이켜보고 자신의 꿈이 너무 작았음을 후회하는 쪽이 역시 더 낫다고 할 수 있지 않겠는가?
  인생을 마칠 때 '오랜 세월 살아왔지만 내가 가졌던 꿈이 너무나 작았구나'하는 후회만큼은 하고 싶지 않다. 필자는 그런 마음을 강하게 가지고 있다.
  큰 성공을 한 사람은 대개의 경우 자신의 꿈이 너무 작았다고 후회한다.

예를 들면 '일생 동안에 10억 원을 모으겠다'고 하는 목표를 세운 사람의 경우, 여러 가지 직업을 경험하면서 언젠가 그 목표에 도달하는 경우도 많겠지만, 도달하면 그 순간에 삶의 보람이 없어지고 마는 사람도 있다. 그것은 '10억 원을 모은다'고 하는 목표 자체에 플러스적인 가치가 붙어 있지 않기 때문이다.

'무엇을 하기 위해 10억 원을 모은다'는 것이라면 차라리 낫지만, 그것 없이 그저 '10억 원을 모은다'는 목표가 있을 뿐이라면 그것을 달성했을 때 할 일이 없어지게 되는 것이다.

10억 원 자체에 대해서는 복권에 당첨될 수도 있고 직장생활에서의 수입을 모아 얻을 수도 있다. 또 주식으로 벌 수도 있고 신규사업을 일으켜서 벌 수도 있다.

그러나 이 '10억 원을 모은다'고 하는 목표만을 생각하며 지낸다면 아마 죽기 전에 생기는 후회는 실패한 여러 가지 일에 대해서가 아니라 자신의 꿈이 너무 작았다는 것에 대해서일 것이다.

그 시점에서는 '설마'하고 생각할 정도로 큰 꿈으로 느껴지는 일이라도 시간이 지나고 경험을 얻어 실적을 거듭해 가면 그다지 큰 꿈이나 목표가 아닌 경우가 많아진다.

그런데 그 전 시점에서는 '나로서는 도저히 도달할 수 없는 어려운 일'처럼 보이는 경우가 많다.

따라서 싸워야 할 것은 오히려 취약한 정신력, 기죽은 마음, 실패하고 싶지 않은 두려운 마음, 작은 성공으로 우쭐대는 마음이다.

또 도전을 피함으로써 작은 꿈속에서 계속 살아가는 것이야말로 애석하게 생각해야 할 것이다.

운명은 그 다음 문을 반드시 준비해 준다

'온 힘을 다해 좁은 문으로 들어가라'고 하는 말을 소개했는데, 젊은 사람, 특히 10대에게 입시는 하나의 관문이며 입시에 합격하는 것은 대단히 큰 목표로 보일 것이다. 중학교 입시, 고등학교 입시, 대학교 입시 등은 엄청나게 큰 관문으로 보일 것이다.

그런데 그 관문을 통과한 사람이 보면 그것은 '직업을 갖기 위한 하나의 단계'에 불과하다는 것을 잘 알 수 있다.

그것을 통과했다고 해서 성공이 정해진 것도 아니고, 반대로 그것을 통과하지 않았다고 해서 실패가 확정된 것도 아니며, 인생에서는 계속해서 어떤 식의 '문'이든 가로막아 서기 마련이다.

  다만 입시공부의 과정에 있는 사람, 예를 들어 10대 등에게는 입시에서의 합격은 엄청나게 큰 목표로 보일 수가 있을 것이다.

  그러나 시간이 지나면 그 관점은 달라진다.

  옛날의 위인으로서 지금 전기로 읽을 수 있을 정도로 성공한 사람들을 봐도 그렇게 말할 수 있다. 입신출세주의가 매우 분명했던 시대에 살았던 사람들의 10대를 보면 반드시 일직선으로 성공을 향한 길을 뛰어 올라간 사람들만 있었던 것이 아니다. 오히려 그런 사람은 매우 적다.

  '한 번도 실패한 적이 없이 성공만을 계속했다'는 사람은 거의 없다. 그런 말을 하는 유형의 사람에게는 대개 '그 시점에서 인생의 성장이 멈춰 있는 사람'이 많다고 할 수 있을지도 모른다.

  시련을 만난 과정에서는 쓰라리게 마음이 아플 수도 있겠지만, 그 마이너스의 사고, 즉 자신을 낮게 보고 괴롭히는 거지근성과는 오래 어울리지 않는 것이 중요하다고 생각한다.

  여러 가지 시련을 돌파하기 위해 예의銳意 노력하는 것은 필요하지만, 만에 하나 그것이 성공으로 끝나지 않았다고 해도 운명은 '그 다음 문'을 반드시 준비해 주는 법이며, 이번에 열심히 노력한 것이 전혀 소용없게 되는 일은 없다.

이에 대해서는 되풀이하여 말해도 좋다.

시험에는 합격점이 있어서 일정 이상의 점수를 받지 못하면 합격하지 못하는데 '합격점을 넘어 합격증서가 나오면 성공이지만 나오지 않으면 성공이 아니다'라는 관점은 명백한 잘못이다. '1점이나 2점이 부족하여 불합격'하는 경우도 있는데 그것은 실패가 아니다.

비록 그 길은 통과하지 못해도 일정한 노력을 했다는 것은 무의미하지 않으며, 자신이 그것에 성공하지 못했음을 반성함으로써 그 다음 성공을 향한 단계가 준비되는 것이다.

수많은 성공 혹은 큰 성공을 경험한 사람들은 그것을 알고 있으며 '고난이나 어려움으로서 나타나는 것, 좌절로서 나타나는 것, 혹은 열등감으로 괴로워하면서 자신이 변화해 간다'는 것을 경험하지 않은 사람은 거의 없다.

'괴로움의 씨앗이 다음에 행복의 씨앗이 된다'는 것은 농담이 아니라 정말로 그대로이다.

어떤 의미에서는 '목표를 달성하지 못했다'는 것이 그 다음 노력을 위한 원동력이 되는 일이 많다.

자신이 정한 목표를 간단히 달성하고 그것에 도취되어 그 이상을 추구하지 않는 삶, 혹은 과거의 영광에만 매달리는 삶은 역시 부족한 삶이다.

나이에 상관없이 새로운 도전은 가능하다

지금의 나는 어지간히 나이가 들었기 때문에 변명을 하고 싶은 마음이다. '옛날에는 할 수 있었다', '젊을 때는 할 수 있었다'고 말하고 싶을 때도 있지만, 그것을 완전히 막을 수는 없다 해도 그것에 브레이크를 걸어야 한다고 생각한다.

'옛날에는 할 수 있었다'고 아무리 말해봤자 어쩔 수 없다. 역시 '지금 할 수 있는가?', '앞으로 할 수 있게 되는가?'를 물어야 한다.

'의외로 나이나 경험에 관계없이 새롭게 노력하고 도전하면 길이 열릴 수 있다'는 것을 나는 수없이 경험했다.

나이에 상관없이 '새로운 도전'은 가능하다. 10대일 때와 똑같이 새로운 일에 차례로 도전하여 그것을 극복해 가려고 하는 마음이 중요하다.

물론 아무리 생각해도 확률적으로 대단히 낮은 것에 대해 노력하는 것은 그다지 유리한 일이 아니다.

나처럼 50대 후반이 되고 나서 '올림픽에 출전해서 금메달을 따겠다'고 생각해도 그것이 가능한 종목이 있을지 어떨지 알 수 없다.

　50세 이상이 하는 게이트볼과 같은 종목이 올림픽에 생기면 우승 가능할지도 모르지만, 지금까지의 올림픽에서는 일반적으로는 10대나 20대 정도가 아니면 좀처럼 금메달을 딸 수 있는 상황이 아니므로 50대로서는 꽤 어려울 것이다.

　그러나 어느 정도 두뇌와 경험이 있으면 할 수 있는 것 중에서, 자신이 일정한 흥미와 관심이 끌리는 것에 대해 노력하면 상당한 수준까지 끌어올릴 수 있다. 나이에 상관없이 그것은 일어나는 일이다.

　나는 행복의 과학을 시작하고 꽤 지났을 때 체중이 많이 늘어나 다소 일이 힘들어지면서 옛날에 하던 테니스를 다시 시작한 적이 있다. 다만 굉장히 오래전에 하다가 중단했기 때문에 완전히 실력은 떨어진 상태였다.

　다시 시작하고 1년 쯤 되었을 때도 잘하지 못해서, 실력이 있는 남성 비서와 시합을 해도 언제나 내가 패했다. 대개 한 게임 정도는 이길 수 있게 해주어 '3 대 1' 정도의 비율로 지는 실력이었다.

　하지만 4년쯤 계속하니 내 쪽이 강해졌다.

또 그때는 프로 코치에게 강습을 받았는데, 프로 코치와 공을 맞받아쳐서 600회나 랠리를 할 수 있기도 했고, 100회나 스매시를 할 수 있었기 때문에 프로가 될 생각이냐는 말까지 들을 정도였다.

체력적인 면에 대해서는 그다지 자신이 없었지만 그래도 중학교 시절에 어느 정도 할 수 있었던 운동이 있었다. 다만 그동안 안 했기 때문에 실력은 떨어진 상태였지만 다시 시작했더니 일정한 수준까지는 실력이 늘었다. 그런 일도 있는 것이다.

종합상사 시절의 학습 체험

**일정기간 내에서의 능력 차이는
시간을 들이면 역전할 수 있다**

　행복의 과학의 신자 이외의 분들은 잘 모르실 테지만, 나는 교단 내부에서는 영어에 관해 꽤 힘을 쏟으면서 여러 가지로 지도하고 있다.
　젊은 시절에는 영어에 대해 자신감과 좌절감, 열등감이 섞인 복잡한 감정을 가지고 있었다.
　지방학교 출신의 수재 중에는 초등학교나 중학교 시절에는 뛰어나게 우수한 성적을 자랑하는데, 고등학교 때부터 대학교 입시 무렵이 되면 공부를 잘하는 사람이 전국에서 배출되며 경쟁상대가 된다. '어디서 튀어나오는 거지?'하고 생각할 정도로 각 학교에서 수재가 많이 나온다.

그래서 지방학교 출신의 수재는 옛날에는 친구들보다 상당히 뛰어나서 실력 차이가 월등히 난다고 느꼈는데, 전국에서 수재들이 늘어나면서 점점 뒤처지는 느낌이 들게 된다.

이것은 '과연 민주주의란 옳구나. 인간의 능력은 그다지 다르지 않구나'하고 생각하는 근거가 되기도 하지만, 노력하면 누구나 잘 할 수 있게된다는 증거이기도 하다. 그래서 서로가 선의의 경쟁을 하면서 성적을 따라잡을 수가 있게 되는 것이다.

초등학교나 중학교 때까지는 학교 내에서도 많은 수준의 차이가 났지만, 고등학교 이후는 '많은 학생들이 공부를 잘 하는구나'하고 실감하게 되었다. 인간은 노력하면 누구나 할 수 있게 되는 법을 깨달은 놀라움이었다.

이것을 토대로 교육에 의해 직업을 선택할 수 있는 자유로운 길이 열리고, 또 일인일표 一人一票 의 민주주의제도가 생겼다고 할 것이다.

'어느 정도의 사람들에게 모두 가능성이 있다'는 것이라면 인간의 가능성에는 그다지 큰 차이는 없으며, 다음은 '얼마나 실적이 쌓였는가'만의 차이일지도 모른다.

일정한 기간을 한정 지으면 차이가 나는 것처럼 보이지만, 능력의 차이는 그다지 크지 않으므로 꾸준히 노력하면 바뀔 수가 있다.

대학졸업 후에 부딪친 무역영어의 벽

예를 들면 중학교 때 수재라 해도 보통의 고등학교 3학년생에 비해 영어를 꽤 잘하는 수준까지는 어지간해서는 힘들다.
또, 나는 종합상사 시절에 '영어는 공부하지 않으면 잘할 수 없다'는 것을 경험했다.
대학교에서도 영어 공부를 약간은 했지만 입시용의 영어 공부와는 다르다. 교양학부에서는 셰익스피어의 작품 등 문학적인 것을 자주 읽었다. 그 후 전문학부로 가고 나서는 정치나 국제 문제, 외교에 관한 문헌 등을 세미나 등에서 영어로도 읽어서 자신이 공부한 분야의 영어에 대해서는 어느 정도 알 수 있게 되었다.
그래서 사회에 나온 다음에 또다시 영어로 열등감을 가지게 되리라고는 생각하지 않았다.
나는 우연히 종합상사에 취직했는데, 종합상사에 들어가자 '이렇게 영어를 못하는가?'하고 충격을 받았다. 종합상사에서 쓰는 영어에는 학교영어와 정치학 계통에서 공부한 영어로는 통하지 않는 부분이 있는데, 그 차이를 알 수 없었다.
    요컨대 무역영어라는 것이 있었는데, 이것은 고등학교까지의 과정에서는 배우지 않는 영역이다. 또 대학교에서도 관계되는 학문을 전문으로 하는 사람은 배우겠지만, 내 경우 그것이 전문은 아니었기 때문에 무역영어라는 것을 전혀 몰랐던 것이다.

사전에 실리지 않은 영어 단어가 많아서 충격을 받다

    그 당시 일본에서는 켄큐샤研究社라는 출판사의 ≪신 영화중사전新 英和中辭典≫이 가장 잘 팔리는 정평 있는 영일英日사전이었다. 당시의 판版이라면 표제어가 56,000 단어나 그 전후 정도로 기억한다.
    다만 직무상으로 영문을 읽고 모르는 단어가 있을 때 그 ≪신 영화중사전≫에서 찾아도 대개 실려 있지 않으므로 솔직히 말해서 처음에는 '사전에 실리지 않은 단어의 의미 따윈 알 수 없잖아?'라는 생각이 있었다.
    그러나 그런 영어 단어를 내 주위 사람들은 이상하게도 쉽게 이해하고 있는 것이다.
    별로 유명하지 않은 지방대학이나 사립대학, 혹은 단과대학을 나온 여성이라도, 회사 선배에 해당하는 사람이라면 그런 영어 단어를 많이 알고 있었다.

  내가 모르고, 사전을 찾아도 나오지 않은 영어 단어를 주위 사람들이 모두 알고 있었기에 가벼운 충격을 받았던 것을 기억한다.

  지금 와서 생각하면 직업적으로 쓰는 전문영어가 각각의 분야에 있는 것이라고 여겨진다.

  무역 관계의 일이라면 무역 실무 영어는 당연한데도 그런 것을 배운 적이 없고, 사전을 찾아도 나와 있지 않은 단어가 많아서 충격을 받았다.

  그 때문에 다른 사람들이 대단히 우수하고 머리가 좋은 사람들로 보이고, 내 자신은 영어를 굉장히 못하는 사람이라는 생각이 들었다.

모르는 영어 단어는 꾸준히 외울 수밖에 없다

다만 그럴 때는 너무 낙심해서도 안 된다.

  당연히 입사 후 반 년 정도는 줄곧 수영장의 물속에 잠수해 있는 것 같은 상태가 계속되었다. 즉 수영장에 뛰어 들어 물속으로 잠수하여 머리가 나올 때까지 느끼는 것과 같은 상태가 반 년쯤 계속된 것 같았는데, 힘들어하면서도 영어 단어를 공부해 갈 수밖에 없었다.

사전에는 실리지 않고 주위 사람들은 가르쳐 주지 않지만, 모르면 업신여김을 당하므로 할 수 없이 여러 가지 스스로 조사하여 익혀갈 수밖에 없었다. 무역용어나 외국환 용어, 금융 관계의 영어 단어를 꾸준히 기억해 갈 수밖에 없는 것이다.

그것은 관련되는 일을 하지 않으면 필요 없고, 모르는 것이 당연한 단어이기는 하다.

지금은 토익이라는 비즈니스 영어 실력을 측정하는 시험도 있지만, 여기에 나오는 경제용어는 대개 8천 단어 정도이다. 그러나 경제용어로서 실제로 자주 쓰이는 것은 적어도 3만 단어 정도는 된다.

그 때문에 경제 관계의 직업을 전문으로 하면 필요한 전문용어는 얼마든지 나온다. 이에 대해서는 그런 직업에 몸 담은 것을 하나의 시련으로 받아들여서 공부할 외에는 방법이 없다. 극복할 수밖에 없다.

실제로는 영영사전 등의 사전과 영자신문의 경제난 등을 읽으면서 거기에 붉은 선을 그으며 내 나름으로 해독하고 모르는 단어나 숙어를 골라내어 주말에 열심히 조사하는 작업을 했다.
영자신문을 오려 붙여서 단어든 숙어든 의미를 알 수 없는 것에 대해서는 확실히 조사해서 파일, 공부노트 같은 것을 만들었던 기억이 난다.
그러면 이상하게도 그 수가 일정 이상으로 늘지 않았다. 일정한 범위 안에 들어 있으므로 어느 정도 마스터하면 그것을 사용할 수 있게 되는 것이다.
이런 것은 머리가 좋고 나쁜 것과는 관계없이 '알고 있는가 모르고 있는가?'일 뿐이다. 오랜 햇수에 걸쳐서 실제로 직무상 영어를 사용하고 있으면 여러 기회에 차츰 익혀지게 되는 것이기는 하다.
다만 사람에 따라 '가능한 한 빨리 알 수 있도록 하지 않으면 열등감을 견디지 못하는 기질인가, 아니면 못한 채로 있으면서 그 상태에 견딜 수 있는 기질인가?'의 차이가 있다고 생각된다.
나는 '할 수 없다'는 것에 대단한 열등감을 많이 느끼는 편이었으므로 '어떻게든 따라 잡아야 한다'고 생각하고 노력했다. 그렇게 노력하다 보니 어느새 할 수 있게 되었다.

일반적인 경우와는 다른 종합상사에서 쓰는 말

 그 다음에 종합상사에서는 말의 사용법이 일반적인 경우와는 다른 면이 있다.
 예를 들면 약간 어려운 단계에 속하는데 '어사인먼트_{assignment}'라는 영어 단어가 있다. 학교에서 배우는 영어로는 '숙제'라는 정도의 의미이다.
 그런데 종합상사에서는 어사인먼트가 '숙제'라는 의미로 쓰이는 일은 우선 없다.
 선배에게서 '너의 어사인먼트는 어떻게 할 거야?'라는 말을 듣고, '숙제……? 숙제라니, 어떻게 된 거지? 아무리 봐도 숙제일 리가 없는데'하고 생각했더니, '할당건수'라는 의미였다.
 어사인먼트에는 '누구에게 얼마만큼 일을 할당하는가?'라고 할 때의 '일의 할당, 배정'이라는 의미도 있으며, 종합상사에서는 이에 관해 일어를 쓰지 않고 평상시에 쓰는 말처럼 영어로 '어사인먼트를 어떻게 하지?'하고 말한다.
 실력이 그다지 뛰어나 보이지 않은 선배까지 그런 말을 너무 쉽게 사용하자 나는 충격을 받고 '진로를 잘못 택했나?'하고 생각하기도 했다.

그 말의 의미를 알면 그뿐이지만, 갓 들어온 신입사원일 경우에는 '어사인먼트'에 관해 '숙제'라는 의미밖에 몰랐다가 다른 사람들이 '일의 할당 분량을 어떻게 할까?' 하고 의논하는 것을 몰라 웃음거리가 되기도 했었다.

모르는 말이 난무하던 입사 후의 직장

그런 일은 영어만이 아니라 일어의 경우에도 있다.

예를 들면 나보다 20살쯤 연상인 부장이 '오늘은 오십일이라서 차가 붐볐다'고 말하자 나는 '오십일이라니 뭘까?' 하고 생각했다. 그 말을 학교에서는 배우지 않아서 몰랐던 것인데, '오십일을 몰라?' 하고 바보 취급을 당해 억울하게 여겼던 것을 기억한다.

오십일이란 그다지 어려운 말이 아니며, '5가 붙는 날과 10이 붙는 날'을 말한다. 즉 5일, 10일, 15일, 20일, 25일, 30일을 가리킨다.

이것은 도로가 붐비는 날이다. 대개가 5나 10이 붙는 날이 거래나 장사의 마감 날짜가 많기 때문이다.

그 날이 되면 도로의 자동차 통행량이 많이 늘어나므로 외근을 나가면 교통 정체로 차가 막히는 경우가 많다. 따라서 그것을 계산에 넣어야 한다.

그런데 나는 그 말을 들은 적이 없어서 '오십일이라니 뭡니까?'라고 물었더니 '뭐야! 도쿄대학을 나오고도 오십일을 몰라?'라는 말을 들었다.

'도쿄대학에서는 그런 말은 안 가르쳐 줍니다'라고 말하고 싶었지만, 상사에게 해서는 안 되는 말이므로 잠자코 있었다.

'이런 것도 모르나?'라고 하면 할 말도 없지만, 그런 표현까지는 잘 모른다. 다만 모르는 쪽이 난처한 것은 사실이며, 영업 계통의 일을 하는 사람이라면 오십일 정도는 알고 있는 것이 당연한 일이었다.

이와 같이 상업무역 영어뿐만 아니라 무역 일어에도 학생들이 모르는 말이 많이 있다. 어음 관련에서 시작하여 계약 관련의 말 등에 많이 사용한다.

나는 모르는 말을 접하면 그때마다 낙심했던 것을 기억하고 있다. 학교에서 하는 통상의 공부는 수재라고 해도 절대로 배운 기억이 없는 말이 사회에서는 많이 사용된다.

그것은 사회에서 일정한 경험을 쌓은 사람이라면 당연히 알고 있는 말이지만, 사회 초년생인 경우 그것을 모르는 경우가 있으므로 이런 면이 괴로운 부분이다.

그러나 그것을 '괴롭다'고 생각만 할 것이 아니라 그런 말을 외워야 한다.

'그것을 외우려고 하는가, 하지 않는가?'는 개인에 따라 차이가 있겠지만, '공부하고 싶다'고 바라는 사람은 역시 스스로 배워야 한다. 아무도 가르쳐 주지 않으므로 단어를 외우든지 책을 읽든지 하여 스스로 지식을 늘려가야 한다.

종합상사 시절에 이런 일이 있었던 것을 기억하고 있다.

나는 입시공부를 할 때는 여러 가지 면에서 고생을 많이 했지만 대학을 가고 나서는 '잘 공부했다'고 생각하고 있었다. 그런데 사회인이 되자 자신의 전문이 아니었던 분야의 말이 나오기도 해서 '일을 전혀 할 수 없는' 경험을 했다.

그리고 '수면 아래에 잠수해 있는 시간'을 아주 길게 느꼈는데, 반년쯤 되자 직장 사람들이 하는 말을 이해할 수 있게 되었다.

예를 들어 대하드라마 등에서 무대가 지방인 경우, 알 수 없는 사투리가 난무해서 잘 알아듣지 못하는 경우가 많은데, 그와 마찬가지로 일을 할 때 모르는 말이 난무하여 그 의미를 알 수 없는 경우도 많은 것이다.

그 때문에 과장과 신입사원인 내가 말이 통하지 않는 경우도 있어서 2, 3년차 선배가 '통역' 아닌 통역을 해줘야 했기 때문에 바보 같은 취급을 받기도 했다. 그런 경험이 있다.

종합상사 시절의 실패 등 모든 것이 분발하는 계기가 되었다

종합상사 시절에는 그와 같은 언어의 문제만이 아니라 일을 하는 법이나 진행하는 법에 대한 실패를 포함하여 심한 악담을 듣기도 하고 비판을 받기도 했으며 심지어 인격적인 비판까지 받은 적도 있었다.

그러나 지금에 와서 생각하면 '그것들은 전부 고마운 일이며 그 전부가 분발의 계기가 되었다'고 느껴진다.

처음부터 '완벽한 사람'은 있을 수 없다. 모르는 것은 모르며 못하는 일은 못한다.

다만 모르는 것을 알려고 하지 않는 한 알 수 없으며, 못하는 일도 할 수 있게 될 때까지 노력하지 않는 한 할 수 있게 되지 않는다.

'못한다'고 스스로 포기하면 그것으로 끝이다. 그 경우에는 '일을 못한다'는 낙인이 찍혀 회사를 그만두든지 한직으로 밀리든지, 그 정도밖에 길이 없다.

그것을 극복해 갈 수 있는가 없는가?가 버티느냐 못 버티느냐를 결정해야 할 시기이다.

이것은 특히 사회인이 된지 얼마 되지 않는 사회 초년생들에게 들려 주고 있는 말이다.

사회인이 되면 알 수 없는 말이나 사고방식 등이 많이 나오는데 그것은 누구나 경험하는 일이다. 이미 경험한 사람에게는 간단히 알 수 있는 일이라도 처음 경험하는 사람에게는 무슨 일인지 전혀 알 수 없는 경우가 흔하다.

그리고 '사회 공부에서도 예습이 필요하다'는 것을 나는 알았다.

단순히 자신의 일만 하고 있으면 되는 것이 아니라, 선배 혹은 10년 이상 나이 차이가 나는 상사들이 하는 일에 대해 관심을 가지고, 그들이 전화나 대화에서 하는 말에 귀를 기울여 듣기도 하면서 '앞으로 몇 년 있으면 나도 이런 일을 하는구나'하고 미리 명심해 두어야 한다.

그리하여 정보를 모으면서 공부하고 미리 예습해 두는 것이 중요하다. '내가 그 입장이 되었을 때 그것을 할 수 있는가 없는가?'를 생각해 둘 필요가 있다.

그 무렵에 그런 것들을 배웠다.

미지의 일에 도전을 계속한다

모든 것을 버리고 밑천 없이 입종을 결행하다

　나의 출가, 독립 전야에 '항마성도 降魔成道' 등의 이야기도 나오는데(《젊은 날의 엘 칸타아레》, 《나의 인생문제집》 참조), 회사 근무를 그만두고 독립하려고 했을 때의 괴로움은 상당한 시련이었다고 생각한다.
　'지금까지 노력하여 어느 정도 만들어온 것을 전부 버리고서도 할 수 있는가 없는가?'를 재촉 받았던 것이다.
　회사에서는 재무부문을 중심으로 일을 해서 그쪽의 경험이 많았기 때문에 자금계획을 세우는 법 등에 대해서는 잘 알고 있었다. 그 때문에 행복의 과학을 일으켜 세우기 전에 자본금이 거의 없는 상황에 대해서는 스스로 꽤 힘든 전망을 하지 않을 수 없었다.

천상계의 여러 고급령高級靈들은 '이제 곧 협력자가 나타난다'는 등으로 말해 주었지만 처음에는 그런 사람이 나타나지 않았다.

영언집靈言集을 내기 시작하자 팬레터와 같은 것은 많이 왔지만 '기부하겠으니 사용해 주십시오', '돈을 이만큼 내겠습니다'라는 식의 기부와 관련하여 구체적인 이야기를 하는 사람은 전혀 없었다.

그 때문에 기반이 되는 것이 없었지만, 결국에는 '지금 하지 않으면 할 수 없다'고 생각하여 입종을 결행했다. 자금 제로로 시작하여 그 작은 단체를 차츰 키워 갔던 것이다.

다른 종교의 교주전이나 교단의 역사에서 종교를 만드는 법을 배우다

지금은 이미 잊었지만, 그동안에 상당히 많은 도전이 있었다고 생각한다. 교단이 커진 다음에 온 사람은 알 수 없는 부분인데 여러 가지 창의력에 대한 공부의 축적이 있었다.

앞에서는 '회사의 일에서 자신이 학문으로서 배우지 않았던 분야의 것이 나왔을 때는 곤란했다'는 말을 했는데, 입종立宗 후에는 '미지의 일에 착수한다'고 하는 어려움이 있었다. 종교를 만듦에 있어서는 참고가 되는 것이 아무것도 없었기 때문이다.

'종교를 만드는 법'을 배운 적이 없었고 당연한 일이지만 배울 수도 없었으므로 다른 종교의 교주가 쓴 것이나 교단의 역사 등을 많이 읽고 그것들을 비교하면서 교단을 운영해 갔다.

교주전敎主殿이나 교단의 역사에는 참고가 될 만한 내용이 직접적으로는 쓰여 있지 않지만, '교주는 몇 살 정도일 때 어떤 일을 했는가'가 여러 가지로 쓰여 있으므로 그런 것을 보면서 종교를 만드는 법을 '추정guess'해 갔던 것이다.

'이 무렵에는 대개 이런 일을 했음에 틀림없다', '여기서는 이런 방법을 취했구나'라는 식으로 생각하면서 몇 개를 비교하여 읽어가며 나름대로 '종교는 이런 느낌으로 운영해 가는 것이구나'하고 알 수 있었다. 그런 형태로 공부하여 스스로 교단을 만들어 왔다.

스스로 공부하면서 만든 출판사와 정사

행복의 과학 출판을 만들었을 때도 마찬가지이다.

지금 와서 생각하면 우스운 이야기지만, 당연히 출판사라는 것을 만든 경험이 없어서 많은 고생을 했다. 종합상사에 근무했다고 해서 출판사를 만드는 지식이 있었을 리가 없다.

그래서 인쇄업을 하는 신자의 협력을 받아 일단 출판사를 설립하기로 했다.

그 사람은 '행복의 과학 출판이 주식회사로 설립될 때까지만 자신이 대리로 출판하지만 행복의 과학 출판이 만들어졌을 때는 모든 권리를 양도하겠습니다'라고 약속했다. 하지만 막상 실제로 행복의 과학 출판을 주식회사로 전환하려고 하자 권익을 빼앗기고 싶지 않아 했었다.

그 때문에 내 저서인데도 행복의 과학이 책을 받을 수가 없는 사태가 일어나기도 하여 무척 고생했다.

그때 행복의 과학의 지도령指導靈 중 한 사람인 교키行基(나라시대奈良時代의 승려)로부터 '자신이 못하는 일을 다른 사람에게 시킬 수는 없습니다'라고 충고 받았다. '자신이 출판사를 경영할 수 없는데도 남에게 경영을 시켜 그 성과만을 취하려고 해도 안됩니다. 스스로 출판사를 만들 수 있을 만한 노력을 해야 합니다'라는 말을 듣고 여러 가지로 공부했던 기억이 난다.

그 후 종교의 본업 쪽에서는 정사精舍 등의 건물을 많이 만들어 갔다. 다만 숙박연수 등을 하기 위한 시설인 정사의 건립 방법도 전혀 배운 바가 없으므로 스스로 생각해야 했다. 남에게 맡기면 사무실용의 빌딩과 같은 것만 세우기 때문에 정사다운 건물을 만들기 위한 노력도 했다.

불법진리 학원의 운영 실적을 지렛대로 삼아
학교법인을 만들다

　행복의 과학이 종교로서 커진 다음에는, 학교법인 행복의 과학 학원을 만들기 위한 노력도 하였다. 학교를 만들기 전에 시험적으로 '석세스 No 1'이라는 불법진리 학원을 10년 정도 운영하고 그것을 지렛대로 삼아 학교를 만들었다.
　'석세스 No 1'을 시작할 때는 처음부터 포부로서 '장래 학교를 만든다'는 것을 내걸었는데 '석세스 No 1'을 시작한 직후에 학교까지 만들 수 있는 자신이 있었는가 하면 실제로는 없었다.
　'어떻게 해야 학교를 만들 수 있는가?'를 몰랐는데 '아이들에게 어떤 것을 공부를 시킬 것인가? 그에 대한 지식이나 정보가 없으면 학교는 만들 수 없다'는 것은 알고 있었으므로 우선 불법진리를 가르침과 동시에 초중고의 입시대책을 한데 묶은 지도를 했다.
　'그렇게 하여 지식과 정보를 늘려 가면 이윽고 길이 열리지 않을까?'라고 생각했던 것인데, 실제로 당초의 포부대로 학교를 만들 수 있었다.

지금은 대학교를 만들려고 하는데(2015년에 개교 예정), 교단을 일으켜 세울 무렵에는 대학교를 만드는 것 등은 대단히 어려운 일처럼 생각되었다.

다만 현재는 '대학교를 만든다'는 목표에 대해 '대학교에서 가르칠 것이 무엇인가?'를 생각하고 거기에 필요한 내용에 대한 개요를 나름대로 만들 수 있게 되었다.

그 골자가 되는 부분에 대해서는 정확히 이해하여 이야기를 할 수 있게 되어야 하므로 내 나름대로 공부하여 준비하고 있으며, 운영을 남에게 맡길 수 있도록 해 가야 한다고 생각하고 있다.

과거의 경험을 토대로 그런 일을 할 수 있게 되었던 것이다.

정치를 경험하지 않은 신자와 직원을 활용한 정당 설립

또 행복실현당이라는 정당에 대해서도 똑같은 말을 할 수 있다.

고난과 어려움은 계속되고 있으나 설립하고 나서 아직 몇 년 안 되었으므로 그다지 큰 것을 기대하고 있지는 않다.

예를 들면 나 한 사람이 '정치개혁'을 칭하여 책을 써서 그것을 언론에 발표함으로써 평론가처럼 여러 가지 의견을 말하기는 어렵지 않다. 스스로 정치나 매스컴 등의 공부를 하여 책을 쓰면 그만이다. 이미 행복의 과학 출판이 있으므로 거기서 책을 내면 언론인으로서 의견을 발표하는 것은 충분히 가능하다.

그러나 정치 경험이 전혀 없는 신자와 직원들을 활용하여 정당을 설립해 가는 것은 여간 어려운 일이 아니라서 최근 몇 년은 고생을 많이 했다.

혼자서만 정치에 관한 의견을 발표하는 것이 아니라, 정치 단체를 설립하여 모두 함께 공부하면서 많은 사람이 여러 가지 활동을 거듭해 감으로써 점차 '개인의 의견'이 '큰 조직의 의견'이 되게 하려고 한다.

행복실현당은 조직으로서 착실히 성장하고 있으며 그런 의미에서 세상에 대한 영향력도 대단히 커지고 있다.

'머지않아 더욱 더 일본을 이끌고 세계를 이끌 수 있는 정도까지 가지 않겠는가?'하는 생각이다.

나의 마음은 훨씬 먼 곳까지 가 있으며 나 자신은 그에 따른 목표를 가지고는 있지만 '실제 문제로서 현재의 행복실현당에게 일본의 정권을 맡길 수 있을 만큼 정치에 관한 업무지식이나 정치경험이 있는가?'하면 충분하지 않은 면도 많으므로 이에 대해서도 지금까지와 똑같이 공부하면서 차근차근 지식이나 경험을 쌓아야 한다고 생각한다.

   그런 의미에서는 실패하거나 좌절하거나 비난을 받거나 욕을 듣거나 하는 것을 참고 견뎌야 한다.

신념을 굽히지 말고 끈기 있게 버텨라

실패를 두려워하지 말고 비판을 견디는 힘을 갖춰라

인생이란 그런 것이다.

실패를 두려워한다면 자기가 할 수 있는 일이나 자신 스스로 자신 있는 일로 압축하여 그 이외의 일은 하지 않는 편한 길을 택하면 된다. 그것은 가능하다.

그러나 새로운 것을 개척하려고 하면 반드시 어려움과 부딪친다. 손쉽게 성공하는 일은 없다. 그 나름의 보상이나 대가를 지불해야 목표에 도달할 수 있다.

그리고 결과가 나오기까지 그동안에 정신력을 단련하면서 꾸준히 노력을 거듭하는 것이 중요하다.

나아가 '비판을 견디는 힘'도 필요하다. 다른 사람들에게서 온갖 욕설을 듣거나 매도당했다고 해도 그것을 이겨내고 버티는 힘을 갖는 것도 대단히 중요하다.

　프로 정치가 등은 자신 나름대로 지론을 가지고 있었다고 해도 선거가 가까워져서 야당 등으로부터 비판이 점점 심해지면 그 지론을 철회하고 애매한 말을 하거나 안전한 부분만을 말하거나 하며, 나중에는 '아무것도 약속하지 않는다. 아무것도 말하지 않는다. 아무것도 관여하지 않는다'는 식의 행동을 실제로 하고 있다.

　내가 창당한 행복실현당은 아직 정치의 초심자로 분류될지 모르지만 우리가 봐도 그런 모습이 이상적인 정치라고는 생각되지 않는다. 역시 해야 할 말을 어김없이 하고 약속한 일을 실현하려고 하는 노력이야말로 국민으로부터의 신뢰에 부응하는 정치가 아닐까?

　애매한 말을 하거나 남을 현혹시키거나 지론과는 정반대의 말을 하거나 해서 당선된 다음 돌변하여 다른 짓을 하는 것은 민주주의의 제도하에 올바른 것이라고는 생각되지 않는다. 비록 심한 비판을 받았다고 해도 굽혀서는 안 되는 것이 있는 법이다.

　그런 의미에서 '신념을 굽히지 않는다'는 것은 매우 중요하다. 동기면에서 확실하고 목표로 하는 바가 확고하다면 고난을 참고 견뎌야 한다. 그렇지 않으면 종교든, 정치든, 회사의 사업이든, 교육이든 모든 것에서 대성할 수는 없다.

거북이처럼 한 걸음 한 걸음 전진해 가자

'시련을 이겨낸다'는 의미에서는 '어떻게 수많은 진검승부를 구사하고 그것을 극복해 가는가?'가 인생 성공의 길이라고 생각한다.

크나큰 시련과 부딪치지 않도록 신에게 기도하고 안녕만을 바란다면 결국 인생의 최후를 맞이할 때 자신의 꿈이 너무 작았음을 후회하게 될 것이다.

작은 꿈을 그려서 '100퍼센트 성공했다'고 말하며 기뻐하기보다는 다소라도 큰 꿈을 그리고 '목표에 도달하지 못하고 도중에 뜻이 꺾였다. 애석하지만 나머지는 후세 사람들에게 맡기고 싶다'는 마음으로 이 세상을 마치고 싶다. 나는 진정 그렇게 바라고 있다.

그런 의미에서 여러분은 강해져야 하며 비판 등을 물리칠 힘을 가져야 한다.

그러기 위한 '무기'는 그렇게 많지는 않다. 거북이가 등딱지

속에서 몸을 지키는 것처럼 비판을 참고 견디는 힘이 필요하다. 그리고 비판이 이어진다고 해도 거북이처럼 한 걸음 한 걸음 걸어가는 것이 중요하다.

요컨대 꾸준한 노력의 축적이 필요하다. 무시당했던 초심자가 노력을 거듭해 감으로써 어느새 프로페셔널을 향한 길을 걸을 수 있게 된다.

내가 학문에 뜻을 두고 나서 벌써 사십 몇 년이 되는데, 사십 몇 년이나 계속하면 누구라도 평균 이상의 수준까지 도달할 것이다.

능력 면에서 단기간에 마스터할 수 없는 것에 대해서는 역시 시간을 들여 대처할 수밖에 없으므로 거북이처럼 꾸준히 전진해 가는 것이 중요하다. 꾸준히 노력할 필요가 있다.

원점으로 돌아가 제로에서 다시 시작하는 기개를 가져라

실패하거나 전부가 일단 제로로 돌아갈 만한 일이 있거나 해도 제로에서 다시 시작할 정도의 기개를 가지는 것이 중요하다. 나는 여러 가지 고난이나 어려움과 마주칠 때마다 한 번 더 원점으로 돌아가도록 하고 있다. 원점으로 돌아가서 '행복의 과학이 시작되기 전에는 아무 것도 없었다. 신자도 없었을 뿐더러 자금도 없었고 자본이 될 것이 아무 것도 없었다. 경험도 지식도 충분하지 않았다. 그런 가운데 어렵게 시작하여 지금까지 해 왔다'는 것을 다시 생각하도록 하고 있다.

그리고 그것으로 부족하면 더 옛날로 돌아가 '나는 시골에서 태어나 보통의 아이들과 똑같이 자라면서 공부 하나로 올라 갈 수 있는 길이 있다는 것을 알고 열심히 공부하여 차츰 인정받아 왔다. 그 시대부터 지금까지를 돌이켜 생각해 보면 전진을 멈추지 않았던 것이 컸었다'고 언제나 생각하고 있다.

나는 여러 가지 일을 시도했는데, 그 중 종교 일을 시작하기 전에 만일 100명에게 물어봤다면 아마 100명이면 100명이 '그런 터무니없는 일을 꿈꿔서는 안 된다'고 했을 것이다.

100명이면 전원이 다 반대할 일, 더구나 단순한 비판이 아니라 진심으로 걱정하며 반대할 일을 실제로 해냈다. 그런 자신이 나에게는 있었다.

강인하고 끈질긴 태도의 근본에 있는 큰 뜻

또 나는 지금부터 약 10년 전, 생사를 헤매는 병에 걸려 '이제 인생의 마지막인가?'하고 생각한 적도 있었다.

그때 병원에서 ≪성공의 법≫의 교정을 하고 '머리말'과 '후기'를 썼는데, 자신이 병에 걸렸다는 것을 전혀 무시하고 매우 힘찬 문장을 썼던 것을 기억한다.

또 그 무렵 행복의 과학 종합본부에 대해 '오오카와 류우호오 저작, 400권 돌파 기념'이라는 광고를 내도록 지시했다.

그 당시 나는 '400권이나 책을 쓰면 인간이 평생 이루어낸 일로서는 이제 충분하겠구나'하고 생각했으며 의사한테도 '충분히 설법을 했고 책을 400권쯤 썼으니 이쯤 죽어도 괜찮을지 모른다'는 식의 말을 했던 것을 기억한다.

그런데 저서가 약 10년 전에는 400권 정도였는데 2013년 후반에는 해외에서 나온 책이나 교단 내부에서 나온 책을 합치면 1,400권을 넘었다. 또 당시 설법 횟수는 통산으로 1,000회 미만이었다고 생각하는데, 지금은 이미 2,000회를 넘었다.

그런 의미에서 '인간은, 이것으로 끝이라고 생각한 다음이 재출발이 된다'는 것을 실감하고 있다.

내가 2007년에 지부 순석巡錫을 시작했을 때에는 '이제 이것으로 끝일 테니 지부 신자 여러분들과 마지막 이별 인사로서 한 번만 만나고 싶다'고 바라며 갔는데 지부를 도는 사이에 몸이 강해졌다.

점점 힘이 생기고 체력이 이전보다 좋아지기 시작해서 '옛날에는 대체 무엇을 했단 말인가?'하고 생각할 정도로 일을 활기차게 할 수 있게 되었으므로 인생은 알 수 없는 것이다.

이와 같이 강인한 끈질김도 중요하다. 그 근본에 있는 것은 역시 큰 뜻을 가지고 있다는 것과 간단히 포기하지 않는다는 것이다. 그것이 필요하다.

힘을 합쳐서 곱셈과 같은 커다란 일을 이루자

본 장에서는 대단히 죄송하지만 나 자신의 일을 중심으로 서술해 왔다.

나는 행복의 과학을 믿고 따라와 주는 신자나 직원들 각 개인에게도 지식이나 지혜, 경험, 정신력 등을 몸에 익혀 성장해 주었으면 하는 바람이지만, 그와 동시에 행복의 과학이 서로 협동하여 조직으로서 커다란 일을 하는 연습을 본격적으로 시작해 가야 한다고 생각한다. 그것이 앞으로의 과제이다.

　인간 한 사람이 할 수 있는 일은 작다. 그러나 많은 사람이 힘을 합치면 커다란 일을 할 수 있게 된다.

　단순한 '덧셈'이어서는 안 된다. 1명이 할 수 있는 일을 2명이 하면 '1 더하기 1'로서 '2'가 되고, 5명이면 '5'가 되고, 10명이면 '10'이 되지만, 그것만으로는 안 된다. 많은 사람이 함께 일을 함으로써 '곱셈'으로서의 커다란 일을 할 수 있게 되어야 한다.

　그와 같이 파급효과가 있고 부가가치가 높은 일을 하기 위해 그리고 큰 조직이 더욱 힘을 가질 수 있도록 행복의 과학을 이끌어 가는 것이 이제부터 나의 일이다.

　그것을 하나의 목표로 하여, 세계를 이끌어가기 위한 일에 뜻을 두는 것이 나를 따라와 주는 사람들의 사명이라고 생각한다.

　본 장에서는 '시련을 이겨낸다'라는 제목으로 그 개요를 간단히 서술했다. 참고가 되기를 바란다.

제 3 장

덕의 발생에 대하여

사심을 버리고 천명에 산다

01

큰 시야로 자신을 다시 바라보라

덕 있는 인재의 양성은 그리 간단하지 않다

최근 덕에 대해 생각하는 일이 많아졌으므로 이 부분을 서술하고자 한다. 왜냐하면 행복의 과학은 2013년 시점에 '대오大悟 32년째', '입종立宗 27년째'에 들어갔지만, 제자들에게 덕에 대해 아직 충분히 전하지 않았다고 생각하기 때문이다.

'덕에 관한 사고방식을 잘 전할 수 있는가 없는가?'가 지금 필자에게 화두라고 생각한다.

인간에게는 자신이 속한 그룹 속에서만 자기를 자리매김하여 생각하는 경향이 있다. 그 때문에 '자신이 속한 그룹 이외의 곳에서 보면 어떻게 보이는가?, 전체에서 보면 어떻게 보이는가? 다른 나라에서 보면 어떻게 보이는가?'를 생각하는 것은 그렇게 쉽게 답할 수 있는 일이 아니다.

그런 형태로는 좀처럼 자신을 보지 못한다.

대개 자신과 동질의 사고나 능력, 재능 등을 가진 사람들의 집단 속에서, 요컨대 자신과 비슷한 사고 속에서 자신을 자리매김 하는 경향이 있기 때문에 전혀 다른 세계에 있는 사람들의 기분이나 생각을 그렇게 간단히 헤아릴 수가 없는 법이다.

'어떻게 하면 덕이 생기는가?'라는 물음에 답하는 것은 더더욱 어려운 일이다.

행복의 과학 학원 중학교, 고등학교가 생겨서 '덕육德育', '덕 있는 인재의 양성' 등의 교육을 시작은 했지만, '그러면 대체 어떻게 교육하면 덕이 생기는가? 어떤 인간이 되어야 덕이 있는 인간이라고 할 수 있는가?'라고 질문 받으면 역시 답하기는 매우 어렵다고 생각한다.

동질 집단 안에서의 덕이 세상에 통용되지 않을 수도 있다

얼마 전에 행복의 과학의 학생부로부터 2013년도 대학교 신입생들과의 회합한 상황을 전해 들었다.

행복의 과학 학원 고등학교에는 세상의 관점으로 보면 엘리트 대학이라고 할 만한 대학에 입학한 학생도 있다.

  그런 사람은 행복의 과학 학원 내에서는 물론 충분히 인정받고 존경도 받아서 '덕 있는 사람'이라고 간주되었을 것이다.

  그러나 전국에서 엘리트들이 모이는 대학에 들어가서 있는 그대로의 자신을 드러내 보였더니 '아무도 그렇게 쉽게 인정해 주지 않는다'는 체험을 한 모양이다. 호되게 혼이 났던 것이다.

  행복의 과학 학원의 졸업생들이 새롭게 입학한 대학 등에서 열심히 '나는 이런 인간이다'라는 말을 하며 자신의 신념이나 신앙을 전하려 했더니 오히려 호되게 당해서 다소 마음에 상처를 입을 정도로 의기소침해지는 일이 있다.

  요컨대 자신과 신앙을 똑같이 하는 자들의 학교에 있으면 보호받고 높이 평가 받던 사람이, 다른 곳에 가면 그런 식으로 평가받기 어려운 일이 일어나는 것이다.

  그런데 원래 신앙에 기반을 둔 학교에 있지 않았던 사람은 원래부터 그런 상태이다. 종교 계통이 아닌 보통 중학교나 고등학교에 가면 대개 그렇다.

  공립 중학교나 고등학교 등에서는 신앙을 가진 사람은 보통과 다른 사람으로 간주되어서 공격받으므로 '살아남으려면 지혜를 연마해야 한다'는 상황을 경험하고 있다.

한편 종교적인 엘리트를 만들려고 하는 학교에 모여서 지낸 사람들은 그 속에서는 좋아도 밖으로 나왔을 때의 면역내성이 아직 충분히 만들어지지 않았으므로 그런 문화나 사고방식을 만들어 가야 한다. 다른 대학교에 가면 인정받지 못하므로 행복의 과학 대학교에 도피해 들어오는 것이 되면 4년 후에 대학교에서 사회로 나왔을 때 똑같은 일이 일어날지도 모른다.

따라서 '행복의 과학 내에서 우리가 덕이라고 부르는 것이, 세상에 통용되는가 아닌가?'에 대해 한 번 고민해 볼 필요가 있지 않을까 생각한다.

동질 집단 안에 있는 동료들은 당연히 긍정적으로 평가해 줄 만한 일이라도, 밖에서는 그렇게 평가 받지 못하는 경우가 많기 때문이다.

큰 시야로 자신을 다시 바라볼 수 있는 것이 덕의 성장이다

결국은 앞에서 서술한 바와 같이 '자신과는 다른 사람들의 그룹에 속한 사람, 혹은 사회 전체나 국가 전체에서 어떻게 보이는가? 외국에서는 어떻게 보이는가? 그런 큰 시야로 자신을 보는 눈을 최종적으로 가지고 있는가 없는가?'에서 해결을 얻어야 하지 않을까?

또 그와 같은 커다란 시야로 자신을 다시 바라볼 수 있는 것이 어느 의미에서 '덕의 성장'이기도 하지 않을까 생각된다.

사회적으로는 여러 분야에서 여러 가지 형태로 성공하고 출세해 가는 사람이 있지만, '그것을 다른 사람이 어떻게 평가하는가?'는 좀처럼 알기 어려운 법이다.

회사의 사장은 회사가 커지면 물론 사내에서는 왕처럼 군림하지만 '다른 세계 사람들에게서 자신이 어떻게 평가되는가?'는 쉽게 알 수 있는 것이 아니다.

따라서 이 부분을 객관적으로 보아야 한다. 이것은 대단히 어려운 일이다.

생물계의 법칙에 휩쓸리지 않는 노력을 하라

동물들이 보여주는 생물계에서의 자연적인 법칙

본 장의 결론을 미리 밝히면 다음과 같다.

인간을 '생물체, 생물, 동물로서의 속성을 가진 존재'라는 입장에서 생각하면 당연히 인간은 자신이 유리한 쪽으로 움직여 가며 자신이 불리해지는 것에서는 멀어지려고 하는 습성을 가지고 있다. 그것은 당연한 일이다.

동물을 보면 잘 알 수 있는데, 사자나 호랑이, 코뿔소, 악어 등 몸집이 큰 동물이나 성질이 사납고 공격성이 높은 동물이면 물론 '강하다', '적을 쓰러뜨릴 수 있다'는 특징을 살려서 '공격은 최대의 방어'라는 형태로 살아남는 길을 선택할 것이다.

한편 토끼나 다람쥐, 쥐, 사슴, 얼룩말 등 사냥감이 되는 유형인 약한 동물들은 '어떻게 해서 위기를 알아채고 도망칠 수 있는가?'를 생각한다. '현명한 토끼는 굴을 세 개 판다(교토삼굴 [狡兎三窟])'고 하는 속담도 있는데 '어떻게 해서 은신처를 분산시키는가?'라는 식으로 도망칠 방법을 생각한다.

또 토끼의 귀는 길어서 잘 들리게 되어 있으며, 고양이처럼 수염이 나 있는 동물은 모두 마루 밑과 같이 어두운 곳이나 굴 속에서도 여러 가지를 포착할 수 있게 되어 있다.

그와 같이 약한 동물의 경우에는 '어떻게 해서 몸을 잘 지키는가'에 중점을 두며, 반대로 강한 동물은 '자신의 사냥감을 어떻게 공격하여 잡아서 유리한 입장에 서는가'를 생각한다.

인간의 성격에는 물론 사람에 따라 차이가 있지만 그 양쪽 경향이 다 있다.

또 어느 쪽 입장도 아니고 중간적으로 여우나 너구리와 같이 여러 가지로 속이거나 하여 세상을 살아가는 유형의 인간도 있을 것이다. 이것은 좋게 말하면 지혜라고 할 수 있다. 잔꾀도 있을지 모르지만 '지혜를 써서 살아남으려고 하는 존재도 있다'고 생각된다.

이것이 생물계에서의 자연적인 법칙에 해당된다.

종교가나 혁명가는 자연의 섭리에 반대되는 행동을 취한다

역사적으로 볼 때 '덕이 있다'고 생각되는 유형의 사람에게는 이 생물계의 법칙에 반대되는 행위를 한 사람이 많다고 할 수 있을 것이다. 그것은 보통 사람이었다면 그렇게 하지 않았을 것을 한다는 뜻이다.

그런 가운데 지상에 사는 인간이 생각하는 것보다 한 단계 더 큰 지혜가 있을 경우, '지금은 알 수 없겠지만 장래에는 이것이 이렇게 된다'는 것을 알고 있어서 그 큰 지혜를 바탕으로 판단하고 행동을 하는 사람도 있는가 하면 '그 시대, 그 지역에서 행하여지는 것은 악(惡)한 것이므로 그 악한 것에 끝까지 굴하지 않는다'고 하며 그 가치관에 귀의하지 않고 싸워서 죽어 가는 사람도 있다.

이것은 종교가에게는 특히 많은 유형이라고 할 수 있다. 또 혁명가에게도 많은 유형일 것이다.

그와 같이 자연의 섭리에 반대되는 행동을 취하는 사람 속에 덕망이 엿보이는 일이 있다.

다만 그런 사람의 경우, 유감스럽게도 현실적으로는 살아 있는 동안에 인정받는 일은 비교적 적고, 죽고서 시간이 지난 다음에 인정받는 쪽이 많으며, 그 중에는 전혀 인정받지 못하는 경우도 있다고 할 수 있다.

　인간으로 이 세상에 살며 생업에 종사하는 몸, 즉 직업을 가지고 생활하며 가족을 부양하는 몸이라면 '그 평가를 몇백 년 후에 맡긴다'는 것은 그리 간단히 할 수 있는 일은 아니다. 살아 있는 동안에 가족의 평가를 얻어야 하고 동료나 상사의 평가도 얻어야 한다. 그 쪽이 먼저이며 '몇백 년 후나 1000년, 2000년 후에 평가를 맡긴다'고 하는 사람은 일반적으로는 몽상가라고 불리게 될 것이다.

　이 부분이 사고로서 대단히 어려운 점이라고 할 수 있다.

쇼와 천황에게서 살아 있는 신을 본 맥아더

　지금까지 서술한 내용에 대해 몇 가지 예를 들면서 알기 쉽게 설명해보자.

　예를 들어 지도자로서 쇼와 천황이라는 분이 있다.

　이 분에 대해서는 '맥아더가 점령군의 최고사령관으로 일본에 왔을 때 GHQ(연합군 최고사령관 총사령부)가 있는 본부에 몸소 나가서 '내 몸은 어떻게 되어도 상관없다. 나는 사형을 받아도 상관없으니 국민에게 식량을 주고 국민을 도와 달라고 했기 때문에 맥아더는 놀랐다'고 하는 이야기가 전해지고 있다. 이야기가 미화되었는지는 알 수 없다.

GHQ에 스스로 나가면 사형이 될 가능성이 높은데도 쇼와 천황은 그런 말을 했기 때문에 맥아더는 놀라서, 과장된 것인지 모르나 '여기에 살아 있는 신을 보았다'는 말을 했다고 한다.

또 패전 후 쇼와 천황은 '전국 순례'를 하였는데, 경비가 거의 없는 상태로 전국을 돌았는데도 테러나 반란과 같은 것이 한 건도 발생하지 않아서 점령군은 놀랐다.

전시戰時의 미군은 '일본도 파시즘 국가와 똑같이 대단히 나쁜 국가겠지'하고 생각했기 때문에 '천황이 민중 앞에 나오면 금세 민중에게 붙잡혀 매달려서 살해당할 가능성이 있다. 천황이란 그런 존재겠지'하고 추정하고 있었는데, 쇼와 천황은 전국 순례 중에 한 번도 습격당하는 일이 없었던 것이다.

그것도 경찰대가 천황 폐하를 엄중히 지키고 있었던 것도 아니었다.

예를 들면 일본의 사상가인 와타나베 쇼이치渡部昇一 씨가 저서에 다음과 같은 내용을 썼다.

그는 야마가타山形에서 어린 시절을 보냈는데 패전 무렵에 15살 정도였다고 한다. 쇼와 천황이 야마가타에 왔는데 '천황 폐하가 오시자 둑 옆에서 놀던 우리는 천황이 있는 곳까지 달려가서 봤는데 폐하를 호위하는 사람이 없었다'는 말을 했다.

다시 말하여 호위가 없어도 쇼와 천황은 습격 받는 일이 없었던 것이다.

그런 상황을 보고 GHQ는 '이 천황은 독재자인 히틀러나 무솔리니와는 다르다'는 인상을 받았다고 한다.

무솔리니는 비참한 죽음을 당했다. 민중에 의해 살해된 후 매달아진 사진이 있는데, 그런 참혹한 죽음을 당했다. 히틀러는 최후에는 자살을 했다.

그들은 그렇게 죽었지만, 쇼와 천황은 전쟁이 끝나서도 살아남아 그 후 몇십 년이나 일본의 번영을 위해 노력했던 것이다.

GHQ는 쇼와 천황에게서 무언가 비범한 것을 보고 이 세상적이지 않은 무엇을 느꼈던 것이 아닌가 싶다.

다만 쇼와 천황 자신은 지난 대전大戰에서 많은 젊은이가 '천황폐하 만세'라고 하며 가미카제神風 특공대 등에서 적에게 돌진하여 죽어간 것에 대해 역시 대단히 무거운 책임을 느꼈던 것이 아닌가 생각된다. 패전 후 그 멍에같은 무게로부터 해방되는 일은 아마 없었을 것이다. 평생 해방되지는 않았을 것이다.

그러나 '그 속에서 국가가 번영하는 모습을 보고 조금씩 마음의 평안함을 얻었던 것이 아닐까?'라고 느껴진다.

움막에서 끌려 나온 사담 후세인의 불쌍한 모습

쇼와 천황과 비교하는 것조차 난감하지만, 예를 들어 이라크 사담 후세인의 최후에 대해서는 별로 보고 싶지 않은 것을 보고 말았다는 인상이 있었다.

그토록 '미국과라도 싸운다'고 호언장담했는데 고향인 티크리트 교외의 움막에 쥐처럼 숨어 지내던 중에 붙잡혀 끌려 나와서 체포된 모습이 텔레비전에서 방영되었다. 그런 방법으로 체포되어 약간 아쉬움이 남는데 일본에서는 생각할 수 없는 모습이었다.

그의 경우, 사자처럼 포효하는 외향적인 면과 실제의 행동에서 쥐처럼 도망치는 본성의 면 사이에 모순이 있었다.

한편 전후戰後의 일본에서는 수상이나 각료급인 자들 중에도 자살을 기도하거나 실제로 자살한 사람이 있다. 점령군의 손에 죽기보다는 그런 형태로 처신하려고 했던 사람, 자살하려고 한 사람이 많이 있었다고 생각한다.

　역시 사담 후세인을 옹호하고 싶어도 최후의 모습에는 아무래도 잊혀지지 않는 실망스러운 인상이 남아 있다.

밀실에 숨어서 미치광이를 연출한
옴진리교의 아사하라

　사담 후세인이 체포된 후의 모습을 보았을 때 사람들은 이 장년을 어디선가 본 적이 있다는 말을 했는데, 그것은 다음 사건이 생각났기 때문일 것이다.

　1995년의 옴진리교 사건 때 야마나시山梨 현 가미쿠이시키무라上九一色村 (당시)에 있는 옴진리교의 '사티안'이라는 시설에 기동대가 대대적인 수사에 들어갔는데, 교주인 아사하라가 있는 장소를 아무리 조사해도 알 수 없었다.

　그러나 이윽고 '아사하라는 천정부분에 만들어진 밀실에 숨어 있었다'는 것을 알았다.

　기동대원이 건물의 벽 등을 탕탕 두드려가자 다른 데와는 소리가 다른 곳이 있어서 '여기에 뭔가 있지 않을까?'하고 생각하여 벽을 제거했더니 사람이 숨어 있었다. 그렇게 아사하라는 숨어 있는 곳이 발각되어 붙잡혔던 것이다.

　텔레비전 프로의 뉴스 해설자들은 '우리 같은 신앙심이 없는 사람도 정말 실망했다. 좀 더 당당하기를 바랐다'고 하는 말을 했다.

　그것을 보았기 때문에 사담 후세인의 체포 상황이 '아사하라가 붙잡혔을 때의 느낌과 비슷하다'는 인상을 받았을 것이다.

　아사하라는 사티안에 미리 숨을 곳을 만들어 두었던 것이다. 위급할 때 숨으려고 했던 것이다.

　외부를 향해 공격하여 '인류 구제를 위해 도쿄도東京都 상공에서 헬리콥터로 사린가스를 살포하여 도민을 몰살한다'고 하는 기세 좋은 말을 하는 한편, 자기 몸의 무사함을 위해 루팡 3세(일본의 유명 만화 주인공)의 흉내를 내 숨어서라도 살아남으려고 한 면도 있으므로 이 부분의 모순에는 뭐라고 말하기 어려운 바가 있다.

　또 이 사람은 붙잡혀서 구치소에 들어간 다음에는 재판 등에서도 줄곧 미치광이 시늉을 계속하였다. 정말로 미치광이가 되었는지 어떤지는 모르지만 정신이상자는 재판에서 사형은 받지 않기 때문에 열심히 미치광이 시늉을 하는 사이에 정말로 미치광이가 되었는지도 모른다. 이 부분에 대해 잘은 모르지만 어떻게든 사형을 면하려고 하는 것만은 알 수 있었다.

  잘못했다면 잘못한 대로 당당하게 주장하다 죽는 쪽이 종교가로서는 깨끗하다고 생각한다. 비록 잘못했다 해도 '신념 아래 행하였다. 내가 들었던 신의 목소리는 옳다고 생각하여 그것을 수행했다'고 한다면 종교가로서 이치는 맞다.

  그러나 자신의 몸이 무사하기를 바라고 여러 가지로 평범한 인간 이하의 모습을 보여서 안타까웠다.

인물을 간파하는 간단한 방법

위와 아래의 양극단을 경험시키면 인물을 알 수 있다

'어떤 사람의 인물 됨됨이를 보려고 생각하면, 간단한 방법으로는 그 사람의 입장을 높여 주기도 하고 낮춰 주기도 해서 각각의 경우에 어떤 태도를 취하는지 살펴보면 된다. 최고의 극찬으로 높여 주다가 가장 아래까지 낮춰 보면서 양극단을 경험시켜 보면 대체로 인물을 알 수 있다'고 하는 말을 과거에 몇 번 한 적이 있다(《부동심》 등 참조).

이 방법으로 간단히 알 수 있다.

물론 자신의 입장이 올라가는 과정에서 화를 내는 사람은 좀처럼 없다. 대개 기분이 좋고 모두에게 온후해지거나 부드러워지거나 관대해져서 덕이 있는 사람처럼 보인다.

그러나 입장이 내려가면 갑자기 태도가 확 바뀌는 유형의 사람을 유감스럽게도 과거 이십 몇 년 동안에 수없이 보아 왔다.

올라갈 때 충실하거나 신앙심이 있는 것은 별로 이상한 일이 아니지만, 내려갈 때에도 그것을 버리지 않는다는 것은 드물다.

'올라갈 때'와 '내려갈 때'를 보고 그 양쪽 다 만족시키지 못한 유형의 사람은 행복의 과학 간부를 경험한 적이 있어도 이윽고 스스로 행복의 과학을 떠나갔다. 직원을 그만두었거나 교단을 떠날 수밖에 없다.

또 행복의 과학을 떠난 뒤에도 교단 공격을 하는 사람도 일부 있다. 기분은 알겠지만 그래서는 덕이 있다고 할 수 없다.

먹고 살아갈 수 없게 되거나 자신의 명예가 손상되었다고 느끼거나 지위가 내려가거나 한 순간, 지금까지 신앙 생활을 하면서 다른 사람에게도 그것을 권했던 대상에 대해 갑자기 태도를 돌변하는 사람 역시 '덕이 없다'는 인상을 받는다.

그런 면이 보이면 '아쉽다'라는 느낌이 든다.

아주 간단한 판단방법이기는 하지만, 높여 주고 낮춰 주면서 양쪽을 보면 대략 인물에 대해 알 수 있게 된다.

입장이 올라가든 내려가든 자신이 달라지는 것은 아니므로 자신이 해야 할 일을 담담히 하는 유형의 사람은 대단한 인격을 소유한 사람이라고 생각한다. 한편 이해관계로 판단하는 사람은 아쉽게도 한때는 뛰어난 사람처럼 보여도 역시 범인, 평범한 사람의 범주에 들어간다고 할 수 있다.

실업가의 경우 영웅과 악인은 종이 한 장 차이

이 세상에서의 관점으로 보는 판단이기는 하지만, 종교적 신앙 이외에도 일종의 신앙과 유사한 것이 몇 가지 있다고 할 수 있다.

예를 들면 학력이나 학과 같은 것에도 비슷한 현상이 일어나기도 한다. 또 이 세상에서의 출세도 신앙과 유사한 것이 있다. 즉 사장이나 중역 등의 지위를 향한 출세이며 혹은 회사의 이름이나 '일류회사'라는 브랜드이다. '어디에 근무하는가', '돈을 얼마나 벌었는가' 등 대상은 여러 가지이다.

그것들은 신앙 대상과는 다른 것이지만, 이 세상 관점에서 누구나 갖고 싶어 하는 것에서 어느 정도 우위를 점하는 것을 신앙과 유사한 행위처럼 느끼는 사람이 많을 것이다.

그와 같은 세상의 평가체계 속에서 위쪽으로 올라가면 다른 사람들로부터 추앙 받는 기분이 드는 경우는 세상에 많이 있다.

그러나 이런 사람들에게도 이윽고 그 직책이나 지위에서 물러날 때가 찾아온다. 회사의 사장이라도 그 지위를 물러나며, 큰 부자라도 돈이 없어질 수가 있다. '그럴 때 아직 그 사람의 평가가 남는가 아닌가?'가 문제이다.

특히 실업가에게는 영웅이 되는가 악인이 되는가는 종이 한 장 차이인 면이 있다.

예를 들어 뉴비즈니스 계통에서는 대단한 성공을 거두었는가 했더니 그 뒤 담장(교도소의 담장을 의미) 안쪽으로 들어가는 사람도 있거나 해서 그 사람에 대한 판단에는 대단히 미묘한 면이 있다. 다른 곳도 어느 정도 비슷한 일이 나타나는데, 담장 안쪽으로 떨어지는가 바깥쪽으로 떨어지는가, 그 차이는 미묘하며 그 부분에는 다소 덕이 관계되고 있다는 느낌이다.

뉴비즈니스 계통의 사람이라도 성공했을 때 행복의 과학이 말하는 '삼복三福'(석복 : 惜福, 복을 아끼는 것, 분복 : 分福, 복을 나누어 주는 것, 식복 : 植福, 장래를 위해 복을 심는 것)의 가르침처럼 복을 아끼는 부분이 있어서 다소나마 '복福을 다른 자를 위해 도움이 되도록 쓰자'고 하는 마음이 있으면 덕이 되는 부분도 있겠지만, 그것은 드문 사고방식이라서 그런지 좀처럼 실행하는 자가 드문 것 같다.

뉴비즈니스 기수 중 한 명이었던 리더가 쓴 책에 '돈으로 살 수 없는 것은 없다'는 식의 말을 저서 표지에 선전 문구로 사용해서 사회적인 문제가 된 적이 있었다.

　검찰에서는 그 '돈으로 살 수 없는 것은 없다'고 하는 말에 자극 받은 면도 있었을 것이다. 본인이 사용한 말인지 아닌지 미묘하지만, 그런 결과가 되었다.

　역시 성공할수록 어느 정도 사회적 지성인으로서 성장해야 하는 면이 있어야 하지 않을까?

　그 중에는 자기희생적인 면도 필요하고 자기희생과 함께 다른 사람들의 복덕福德을 증진시키려는 마음도 필요할 것이다.

좋고 싫음을 초월하여 공평무사한 태도로 사람을 판단한다

　사회적인 지위가 올라갈수록 많은 사람의 인생에 영향을 미칠 수 있으므로 매사에 '공평무사'한 태도를 취해야 한다.

　리더도 인간이므로 자신이 좋아하는 유형과 싫어하는 유형은 당연히 있다. 보통은 그렇지만, 개인으로서의 좋고 싫음을 초월하여 '공평무사한 태도'를 만들어 가려고 하는 노력이 필요하다. 그런 정신 태도를 가지고 노력하면 점점 그렇게 되어간다.

과거의 예에서 보더라도 리더는 개인의 좋고 싫음의 감정보다는 자신이 속한 회사나 단체, 혹은 국가 입장에서 '이 사람이 필요한 사람인가 필요한 사람이 아닌가? 유용한가 유용하지 않은가? 도움이 되는가 되지 않는가?'를 먼저 생각해야 한다.

그리고 '역시 이 사람은 남겨야 한다. 이 사람을 지켜야 한다'고 생각하는지, '이 사람은 해가 되므로 해고시켜야 한다'고 생각하는지, 어느 쪽이든 정확한 판단을 내려야 한다.

지위가 높아지면 질수록 공평무사한 감각, 그 다음에 사람을 기용할 때의 정당성에 대한 검증이 중요해진다.

그런 의미에서는 부드러운 성격이라도 거기에 일정한 엄격함이 따를 수는 있다. 그것은 직무상의 엄격함이라고 할 수 있다.

입장에 걸맞게 공인으로서의 자각을 하라

황실 공무의 중요성을 지적한 야마오리 씨의 제2 논문

종교학자인 야마오리 데츠오山折哲雄 씨가 〈신초新潮 45〉(2013년 3월호)에 '황태자 전하 퇴위하소서'라는 논문을 발표한 뒤, 나는 황태자 전하의 수호령과 야마오리 씨 수호령의 영언靈言을 합친 책(《수호령 인터뷰 황태자 전하에게 차기 천황의 자각을 묻는다》)을 출간했다.

다만 동서同書를 발간하기 전에 〈신초 45〉(2013년 5월호)에 야마오리 씨의 제2 논문(〈황위 계승의 바람직한 모습〉)이 나왔다. 내가 동서를 교정할 즈음이었으므로 동서는 야마오리 씨의 제2 논문이 나온 다음에 발간되었다.

야마오리 씨의 제2 논문에는 장황하게 유럽의 군주제도 등 일본의 황실 문제와는 전혀 다른 내용이 많이 쓰여 있었는데, 중요한 천황의 황위를 계승하는 것에 대해서는 '빈殯'에 관한 조목이 있었다.

즉, 이전의 천황이 죽으면 곧바로 다음 천황이 즉위하고 몇 시간 후에는 벌써 '새로운 천황'을 맞이하게 되는데, 황실에는 '빈'이라는 장례제도가 있다. 이전의 천황이 세상을 떠났을 때에는 45일간 정도로 매장까지의 사이에 많은 시간이 걸렸다. 그동안 새로운 천황은 전 천황의 주검 옆에서 잠을 자며 전 천황의 영력靈力을 받았다. 그런 의식이 일본 신도神道에는 있다.

이에 대해서는 2012년에 발간된 마사코雅子 왕세자빈의 수호령 영언(《황실의 미래를 기도하여》 참조)에 언급되어 있는데, 그것이 야마오리 씨 논문의 시초가 되지 않았을까 생각한다.

이것은 분명히 말해서 일본 신도의 전통적인 종교행위인데, 야마오리 씨는 '이와 같은 것을 이해하고 있는가 없는가?' 하고 마사코 빈에게 묻는 형태였다고 생각한다. 요컨대 '마사코 빈에게는 천황제天皇制 속에 있는 이 종교행위가 아무리 해도 이해되지 않을 것'이라고 생각해서 그것을 에둘러 비판하는 것이 아니었는지 생각한다.

덧붙여 말하면 2013년 4월 18일 아카사카고엔赤坂御苑에서 열린 가든파티에 마사코 빈은 참여하지 않았다. 2,000명이나 되는 사람이 오는 가든파티는 마사코 빈이 불편해하는 것 중 하나인 것 같다. 그런데 '일본의 아카사카고엔에는 갈 수 없으면서 새 국왕의 즉위식이 행하여진 네덜란드에는 갈 수 있다'고 하는 것은 이해할 수 없는 일이기는 하다.

'네덜란드에는 이전에 부친의 일 관계로 간 적도 있으므로 네덜란드라면 갈 수 있지만 아카사카고엔에는 갈 수 없다'고 하는 부분이 아마 야마오리 씨의 신경을 건드려 '일이 아니라 자신의 취향대로 움직인다'고 보였던 것이다.

'황실의 공무가 어떤 것인가? 그 무게를 모르지 않은가? 아직 사인私人으로서 일반인들이 자신의 좋고 싫음에 따라 행사에 나가거나 나가지 않거나 하는 것과 같은 마음을 가지고 있다'고 느끼고 그 부분을 날카롭게 비판하고 있는 것이라고 여겨진다.

또 황태자 전하가 그 부분에 대해 제대로 설명도 설득도 하지 못하는 것에 대해서도 문제의식을 가지고 있는 것이 아니겠는가?

그런 것을 느꼈다.

또한 동서를 교정한 다음이었는지는 모르지만, 2013년 4월 중순에는 아베安倍 수상의 수호령이 사흘 연속으로 내가 있는 곳에 왔다. 무엇을 고민하는지 잘 알 수 없었지만, 당시는 북한 정세가 큰 문제이기는 했다.

오오카와 류우호오는 공무를 본다고 느끼는 모 주간지

 야마오리 씨의 수호령은 영언 수록과는 별도로, 후일 내가 있는 곳을 찾아왔으므로 잠시 이야기를 나누었는데, 영언을 수록할 때보다는 조금 더 성실한, 학자다운 말을 했다.
 나아가 나에 대해서도 언급하면서 '매스컴은 당신들이 생각하는 것보다 좀 더 잘 알고 있다'는 식의, 변명하는 것 같은 말을 했다.
 신초샤新潮社라는 미디어에 대해서도 '행복의 과학을 열심히 공격하는 과정에서 꽤 공부가 진행되었다. 오오카와 류우호오 쪽을 공격해서 어떻게 하는지를 보고 또 천황가를 공격해서 어떻게 하는지도 봐서 양자를 비교하여 판단하겠다'는 식의 말을 했다.
 '더구나 분슌文春과 신초샤新潮社가 함께 오오카와 류우호오를 공격했으므로 통상 교단이 붕괴되든지 일을 그만두든지 하는 중대한 사건이 일어나서 대개 결판이 나는 법인데, 일을 그만두지 않았다. 공무에 관해서는 그만두지 않는다는 자세를 죽 일관하며 전혀 달라지지 않았다.
 20년 이상 같이 살아온 부인이 있고 자녀도 5명이나 있는데 그런 일(이혼)이 생기면 대개 사회적으로 용서 받지 못한다는 이유로 개인적으로 매우 공격을 받게 된다.

그런 공격은 고뇌가 대단하여 도저히 견디지 못하므로 대개는 사람이 이상해져서 일을 계속하지 못하든가 교단이 결단나는 법인데 제자들이 떠나지 않고 교주 본인도 일을 그만두지 않았다. 방침을 바꾸지 않고 계속 그대로 하고 있는 것을 보고 있으면, 매스컴 쪽에도 공격은 하지만 공무를 보는 자세는 흔들리지 않는다고 느끼는 자가 있게 마련이다'.

이와 같이 말했다.

또 '그에 비해 황태자 전하 쪽은 사적私的인 면을 너무 우선한다고 생각되어 조금 비판적으로 말하는 면도 있다. 일단 양자를 비교해서 하고는 있다'는 식의 말도 했다. 괴상하고 묘한 칭찬인데 그런 말을 했던 것이다.

그리고 '요컨대 오오카와 류우호오 씨는 일에서 신념을 굽히지 않고 해냄으로써 사대성인四大聖人과 어깨를 나란히 했다'라고 말했다. 이것이 칭찬인지 아닌지 나로서는 알 수 없다.

'사대성인인 석가, 그리스도, 공자, 소크라테스는 모두 가정이 엉망이 되었다. 대체로 성인의 가정은 엉망이 되기 마련이다. 그것이 성인이다.

가정을 소중히 하고 세상의 단위를 점점 넓혀서 사회에서 국가까지를 유토피아로 만들려는 사상은 물론 있지만, 그것은 서민에 대한 가르침이며 그것을 가르치는 성인의 가정은 엉망이 되는 것이 보통이다.

왜냐하면 성인은 보통으로는 있을 수 없는 시련과 마주쳐야 하며 그런 유혹과 싸워야 되기 때문이다. 그래서 아무래도 그렇게 된다.

그런 이유로 오오카와 류우호오 씨는 사대성인에 비견된다.'

그런 괴상한 방법으로 칭찬을 해 주었다.

'자기자신이 공격 받을지도 모른다'고 생각해서 나를 치켜세우는지도 모르겠으나 '오오카와 씨의 자세에 대해서는 주간지 등 매스컴도 알게 되기는 했다'는 말을 했다.

확실히 그런 면도 전혀 없는 것은 아니었다고 생각한다.

공인은 입장에 맞게 사를 없애 간다

확실히 나를 믿고 따라오는 사람들이 많이 있다.

만약 내가 말하는 것이 사기詐欺와 같은 짓을 하기 위해 꾸며낸 이야기이며 나 자신이 훌륭해지려고 명예나 금전, 사업욕 등을 위해서만 하는 것이라면 그런 것은 얼마든지 왜곡할 수 있는 것이기는 하다.

그러나 '진리다'라고 믿고서 하는 것이며 거기에 사람이 따라오는 이상, 역시 그 사람들을 배신할 수는 없다. 나는 그런 생각 아래 하고 있다. 그래서 전혀 신념을 굽히지 않는다.

그런 이유로 나의 강연은 해외에서는 텔레비전에서도 자주 방영되고 있는데, 최근에는 일본 국내 텔레비전 방송국에서도 조금씩 방영되기 시작했다.

또 야마오리 씨의 수호령은 다음과 같은 말도 했다.

'2009년 중의원 선거 전에 정당(행복실현당)을 창당했을 때도 주위에는 아마 이상하게 보였으리라고 생각되는데, 4년이 지나도 이 나라의 위기적 상황은 달라지지 않고 문제는 해결되지 않았다.

그러나 그때(4년 전) 말해 주었던 것이 다소나마 준비가 되었던 면은 있어서, 세상 사람들은 오오카와 총재가 말하는 것은 틀림이 없다고 하는 인상을 받고는 있다. 말하는 내용이 옳으며 어쩐지 자신이 옳다고 생각하는 것을 굽히지 않는 것 같다고 알게 되었다.'

이것은 대단히 날카로운 분석이라고 생각한다. '입장에 걸맞게 공인이 되어 간다'는 경험은 인간에게는 좀처럼 있는 일이 아니다. 또 그에 관해서는 누구에게서도 배우지 않으며 교과서에도 없으므로 스스로 판단해야 한다. 그러나 '사私' 쪽을 없애 가야 하는 면이 아무래도 있다.

완전연소하는 마음으로 부담을 떨칠 수 있는 힘이 강해진다

나는 5명의 자녀를 사랑하고 있다. 5명의 자녀를 사랑하는 이상 20년 이상이나 함께 살면서 5명의 자녀를 낳아 준 전처를 당연히 밉다고 생각한 것은 아니다.

또 나는 2004년에 한 번 거의 죽을 뻔했던 적이 있는데, 그 후로는 '언제라도 내가 대신 죽어도 좋다'는 마음을 가지고 있었다.

다만 그런 마음을 가지고는 있어도 행복의 과학이라는 조직 속에서 많은 사람들이 이 일을 천명이라고 생각해서 하는 이상, 역시 그것은 허용되지 않는 일이었다고 생각한다.

의학적인 상식으로 당시의 나는 죽었다고 해도 이상하지 않았으며, '1년 이내에 8할 이상의 확률로 죽는다'는 말도 들었다. 또 그 다음에는 '5년 이내에는 반드시 죽는다'는 말을 들었다.

그러나 그로부터 약 10년이 지나도 아직 나는 살아 있다, 게다가 일에서는 이전보다 훨씬 많은 10배, 20배 이상의 양을 처리해 왔다.

'의학의 상식이 통용되지 않았다'는 것이므로 이것은 종교의 공덕에 대한 증명이다. 도리어 진정한 종교가가 될 수 있는 결과가 되었다.

나는 의학상식을 완전히 깨뜨렸다. 반대의 의미로 '남은 수명이 짧다면 완전연소할 때까지 해야 한다'고 생각한 것이 상식을 깨뜨리는 이유의 하나이기는 하지만, 그렇게 생각하기에 더욱 열의, 정열, 그리고 행동력이 솟아나서, 하는 동안에 자신에게 걸리는 부담(부하負荷)를 떨쳐 낼 수 있는 힘이 강해진 것처럼 느껴진다.

그러는 동안에 세계나 국가에 대한 견해나 책임을 느끼는 정도도 바뀌어서 자신이 직접 관련되지 않은 일에 대해서도 강한 책임을 느끼게 되었다.

그 '공'과 '사'의 사고방식에는 교과서가 없으므로 잘 알 수 없는 면도 있지만, '정확한 판단을 해 가야겠다'고 느끼는 부분이다.

물론 이 세상에 인간으로 태어난 이상, 하는 일이나 생각하는 것 속에 잘못이 발생할 수는 있을 것이다. 그것은 '없다'고는 할 수 없겠지만, 적어도 자신이 진지하게 생각하고 나서 '옳다. 이것은 진리다'라고 생각한 것에 대해서는 그것을 일관하는 태도를 굽히지 않을 생각이다.

히가시노 게이고 씨의 갈릴레오 시리즈를 어떻게 보는가

일본에서는 천재 물리학자가 등장하는 '갈릴레오 시리즈'라고 하는, 히가시노 게이고東野圭吾 씨가 경찰을 소재素材로 해서 쓴 소설이 히트를 쳐서 텔레비전 드라마와 영화화가 되었다.

등장인물인 천재 물리학자는 '영靈이라는 비논리적인 것은 믿지 않는다. 그런 매우 이상한 것, 초자연적인 현상은 사실은 없다. 물리학에서 해명할 수 없는 것이 있다니 말도 안 된다'는 사고방식인데, 그 텔레비전 드라마는 나름대로 재미가 있어서 평판이 좋았으며, 인기가 있어서 나도 보았다.

그것은 그 나름대로 물리의 세계에서 완결되어 있으면 괜찮다고는 생각한다. 하지만 물리의 세계 이외의 세계도 있는 것은 사실이다. '물리의 세계에서는 이렇다'고 하는 것은 좋지만 '물리 이외의 세계에서는 어떤가?'를 모르는 이상, 발언을 신중히

해야 하는 면은 있을 것이다.

　2013년에는 이 텔레비전 드라마의 새로운 시리즈가 제작되었는데, 그 제1회는 '종교의 교주' 대 '물리학자'의 싸움이었다.

　어떤 종교의 교주가 염念을 보내는데, '어떤 장치를 써서 마이크로파를 보내 몸을 데워서 따뜻한 감각을 느끼게 한다'는 수를 썼던 것이다.

　다만 '이것은 종교로서는 참으로 난처한 드라마다'라고 나는 생각했다.

　주연인 후쿠야마 마사하루福山雅治 씨는 NHK의 대하드라마 '료마龍馬 전傳'의 료마 역으로도 인기가 있었던 사람이며, 나로서는 나쁘게 생각하고 있지는 않아서, 대단히 비판하기 힘든 유형의 사람이기는 하지만, 유물론이나 무신론이 유행해서는 곤란하다.

　행복의 과학은 '네시의 원격투시'를 하기도 하고(《원격투시 네시는 실재하는가》 참조), 달의 이면裏面을 영적인 방법으로 조사하기도 했다(2013년 3월 12일 〈다크 사이드 문의 원격투시〉).

　이런 일은 '갈릴레오 시리즈'의 천재 물리학자로서는 '그런 일이 있다니 말도 안 된다'고 생각해서 물리학자로서 해명하고 싶은 부분일 것이다. 그와 같이 행복의 과학은 전혀 정반대의 일을 하고 있다.

다만 어떤 장르에 관해 다른 사람이나 조직이 그런 판단을 해도 행복의 과학으로서는 해야 할 일을 해 갈뿐이다.

물론 히가시노 씨를 옹호하려고 하면 그것도 가능하다.

나는 그를 완전히 유물론자라고는 생각하지 않는다. 그의 작품군作品群 중에는 혼이 뒤바뀌거나 하는 이중인격 현상 등을 그린 것도 있으므로 그가 초자연현상을 꽤 공부하고 있다는 것은 알 수 있다. 초자연현상의 경계선 부분에서 속임수인 것과 진짜인 것을 열심히 연구하는 모양이므로 히가시노 씨를 완전히 부정하는 것은 아니다.

다만 '이 세상은 그리 만만치 않다'고는 생각한다.

나는 천 년 후의 독자를 위해 책을 계속 낸다

그런데 '무라카미 하루키村上春樹 씨가 2013년의 신간 저서를 1주일에 100만 부나 팔았다'는 등의 말을 들으니 나는 행복의 과학 출판의 사장을 불러서 추궁하고 싶은 마음도 다소 있었다.

그리하여 '당신은 무엇을 하고 있는가?'라고 말하고 싶었다.

1주일에 100만 부나 팔린다면 1년간이라면 부수가 얼마까지 갈까? 행복의 과학 출판의 사장을 불러서 '내가 많은 저서를 내기 위해서 땀을 뻘뻘 흘리며 일하는 것은 상당히 힘들다'라고 조금은 고충을 말해 볼까 생각했다.

다만 주변에서 '무라카미 씨의 저서는 일과성의 것이며 시간이 지나면 잊혀지고 사라지겠지만, 오오카와 총재님의 저서는 1000년이 지나도 사람들이 읽을 테니까요'라는 말을 들으면 '그런가? 1000년 후까지나 사람들이 읽는다면 어쩔 수 없지. 역시 일을 해야겠군'이라고 생각했다.

책을 잇달아 내도 독자는 좀처럼 금방 다 읽을 수는 없기 때문에 책을 낼수록 판매부수가 늘어나기 힘든 경향이 있는데 '후세에 남긴다'는 것을 생각하면 역시 '낼 수 있을 때 내 두어야 한다'는 마음이 든다. 따라서 '혹하게 만들어서 책을 많이 팔자'고 하는 자세여서는 안 된다.

그런 마음을 가지고 있으므로 나는 끝없이 계속 정진하게 된다.

05

인류에게 덕이 무엇인지를 보여준 사대 성인

**자기모순을 일으키는 문제를
어떻게 포용했는가에 의해 덕이 생긴다**

덕에 대하여 여러 가지로 서술해 왔는데, 여기서 다시 한 번 정리해 두기로 하겠다.

물론 어느 정도 뛰어난 사람의 존재가 없으면 덕은 발생하지 않는 것이라고 생각하지만, 역시 '생물학적인 보통의 반응과는 다른 삶을 사는 사람이 나온다'는 부분에서 하나의 덕이 발생한다고 할 것이다.

요시다 쇼인吉田松陰도 그렇다. 그는 절대적으로 보통 인간의 발상과는 다른 발상을 가지고 있었다고 생각된다. 그런 면이 있다.

이것이 덕이 발생하는 하나의 경우이다.

더 간단하게 말하면, 덕이 발생할 때는 반드시 거기에 일종의 모순이 있다. 상반되는 '가치관'이나 '논리'가 부딪치고 있다. 그리고 이것을 양립시키는 존재가 있다.

상반되는 가치관을 양립시키는 것은 대단히 어려운 일이므로 그것을 양립시킬 수가 있으면 그것은 인간에게는 덕이 된다.

예를 들어 쇼와 천황으로 말하면 'GHQ에 자수하러 가면 죽게 될지도 모른다'고 생각하는 것이 통상 인간으로서의 당연한 판단이지만 '국민을 구하고 싶다'는 마음이 또 한편에 있다. 이 두 가지는 이율 배반하므로 이것을 통일해야 한다.

또 '일은 세심하게 빈틈없이 해야 하지만 큰 부분도 봐야 한다'는 문제도 있다. 이것도 어려운 일이다.

수상은 사소한 일까지 봐야 하는 면도 있지만 대국적인 부분이 보이지 않아서는 안 되는 면도 있다.

또 '시대의 흐름이 보이는가 안보이는가?'도 클 것이다.

예를 들면 법률의 해석에 대해 학교에서 선생님에게 배웠던 것이 많이 있었다고 해도 시대가 바뀌면 '어떻게 생각해야 하는가?'에는 또 다른 판단을 내려야 한다고 생각한다.

다만 그때는 물론 반대세력, 비판세력도 나타난다. 그 속에서 그것을 어떻게 생각해 가는가가 중요하다.

이런 자기모순을 일으키는 문제에 대해 '어떻게 그것을 포용했는가?'가 덕이 생기는 부분이라고 할 수 있다.

소크라테스와 석가, 공자에게서 보는 덕

예를 들면 소크라테스의 경우에도 그렇다.

그는 사형판결을 받았다. 그에게는 처자도 있었고, 제자도 그를 구하려고 했으며, 옥지기까지도 그를 도망치게 하려고 했지만, 그는 도망치지 않고 '악법도 법이다'라고 하며 독당근이 든 독배를 들이키고 죽었다.

소크라테스는 그와 같이 대단히 모순된 행동을 취하여 '진리를 위해 죽는 것이 사는 것보다 고귀한 경우가 있다'고 하는, 인간으로서는 좀처럼 납득하기 어려운 논리를 실천해 보였던 것이다.

석가의 경우에도 그렇다.

석가는 가족을 버리고 석가족을 버렸다. 그 결과 석가족은 멸망했다. 그러나 석가는 불교라고 하는 새로운 가르침을 열기 위해 산림수행자가 되고 이윽고 종교지도자가 되었다.

석가의 행동 내용은 현대의 눈으로 보면 혹은 주간지 식으로 보면 반드시 비난을 받을 일이다. '한 명밖에 없는 후계자인데도 그 입장을 버리고 집을 나오면 남겨진 사람들은 어떻게 되는가?'라는 말을 들으며 반드시 비판의 표적이 된다. 아무리 생각해도 '무책임한 남자'로서 공격 받을 것이다.

그러나 후세에 불교라는 큰 사상을 남기기 위해 여기에는 '아무리 생각해도 필요한 행위였다'고 여겨지는 면이 있다.

나아가 공자는 열심히 '예, 지, 신, 의, 용' 등의 덕목을 설하고 '제자 3,000명'이라는 말을 들으면서도 자기자신은 좀처럼 관직에 오르지 못했다.

한 번 조국(노나라)에서 단기간 사법대신司法大臣과 같은 직책에 종사한 적은 있지만, 나중에는 전국을 두루 돌아다니면서 관직을 구했음에도 불구하고 매번 퇴짜 맞아 취직을 못하고 방랑했다.

하지만 공자의 제자들은 그의 추천에 의해 여러 곳의 관직에 올라 대신大臣이 되기도 했다. 공자에게는 제자가 훌륭해진 것으로 유명해진 면이 있을지도 모른다.

단, 공자는 제자백가의 사상가 중의 한 명에 불과했지만, 그 후 1000년, 2000년이 지나고 보니 그의 사상의 위대함과 그가 가진 영향력은 시대를 거쳐서 점점 커져 갔다.
　당시 이 세상에서 그보다 훌륭했던 사람은 국왕이나 대신 등 많이 있었을 것이다. 그러나 그의 평가는 역사 속에서 다른 형태가 되어 있다.

사명을 다하기 위해 죽음을 각오하고 예루살렘에 들어간 예수

　극단적인 예는 역시 예수 그리스도이다. 그의 죽음은 아무리 봐도 이 세상적인 논리로는 납득이 가지 않는 부분이다.
　그는 예루살렘으로 가기 전 제자들에게 '나는 예루살렘에 입성入城하지만 머지않아 십자가에 매달릴 것이다. 하지만 사흘 후에 부활할 것이다'라고 말했다. 그러나 제자들에게는 예수가 하는 말의 의미를 알 수 없었다. '이런 말을 하면 그렇지만 '선생님이 조금 정신이 나간 게 아닌가?'하는 느낌이었을 것이다.
　'예루살렘으로 가면 십자가에 매달린다'는 것이라면 가지 않으면 된다. 그것이 합리적인 판단이다.
　합리적 판단으로서는 예루살렘에 들어가지 않으면 되는 것이며 '십자가에 매달린다'는 것이라면 도망치면 된다.

하지만 예수는 '사명으로서 들어가야만 한다'라고 생각해서 예루살렘에 들어갔다.

한편 그가 '이 신전을 부숴도 사흘 안에 다시 세워 보이겠다'고 하는 등 '잘난 척 하는 말'을 여러 가지 했으므로 '어떤 기적이 일어날까?'하고 생각한 사람도 있었다.

그런데 예수는 쉽게 붙잡히고, 여지없이 채찍을 맞고, 그대로 가시관이 씌워져서 골고다 언덕까지 올라가게 되었다. 십자가를 제대로 짊어지지 못하고 넘어져 다른 사람의 도움을 받아서 올라갔다. 그리고 그대로 십자가에 매달려 죽고 말았다.

그 때문에 많은 사람들이 실망했다. '아무런 기적도 일어나지 않았다. 천사는 도우러 오지 않았다'고 해서 세상의 관점으로는 일단 교단 파멸의 상태에까지 빠졌던 것이다.

다만 예수의 마지막 말인 '엘리, 엘리, 레마, 사바크타니'라는 말에 대체 어떤 의미가 있는가에 대해서는 토론의 여지가 있다.

행복의 과학 초기 영언집靈言集에서는 '엘리야, 엘리야, 라파엘, 라파엘이라고 하며 천사들의 이름을 불렀다'고 예수는 말했다.

하지만 어떤 복음서 작가는 그것을 '신이여, 신이여, 어찌 저희를 버리시나이까'라고 번역했다. 그 쪽이 당시라 해도 이 세상 사람에게는 상식적인 사고였을 것이다.

신의 독생자로서 살던 사람이 십자가에 매달렸으므로 '신이여, 신이여, 어찌 저희를 버리시나이까'라고 예수 본인이 말해도 이상하지 않다고 느껴질 만한 면이 상식적으로는 있었을 것이며, 제자 중에도 그런 일반적인 상식을 역시 가질 수 있었을 것이다.

예수의 가르침에 허점을 찌른 통일교의 문선명

이 허점을 찌른 것이 통일교의 교주인 문선명이다.

그는 이 복음서에 의거하여 "신의 독생자가 구세주로서 태어나 죽을 때 '신이여, 신이여, 어찌 저희를 버리시나이까'라고 말하는 것은 있을 수 없다. 그러므로 이 그리스도는 가짜 그리스도다. 이 자야말로 가짜 그리스도이며 위조품이다. 진짜는 나다. 문선명이야말로 진짜 그리스도로서 세계를 구하기 위해 태어난 것이다"라는 말을 했다.

≪성서≫의 논리모순인 부분에 보기 좋게 파고들어 '그리스도의 재림'이라고 칭하며 통일교를 만든 것이 문선명이다. 요컨대 ≪성서≫에 상식적인 판단이 들어간 부분의 허점이 보기 좋게 표적이 되어 가르침이 뒤집히면서 신흥종교의 단체가 만들

어졌다. 그곳은 현재 바티칸의 큰 적이 되어 있다.

역시 그런 허점을 파고들어 일반적인 상식에서 보아 '잘못됐다'고 생각되는 곳을 정통으로 찔러 오면 종교적인 사람일수록 거기에 잘 속는다. '그러네. 예수가 그런 말을 하는 것은 이상해. 그러니 ≪성서≫가 잘못되었고 이 예수는 진짜 메시아가 아니었다. 그래서 유대교는 멸망하지 않고 아직껏 남아 있고 유대교도는 기독교를 믿지 않는다. 과연, 새로운 이 사람이야말로 메시아다'라고 생각한다.

이와 같이 종교적인 사람일수록 쉽게 믿는 경향이 있어 깜빡 속아 버리는 면이 있다.

그런 논리가 성립할 수도 있어서 ≪성서≫ 등의 해석에는 어려운 면이 있다.

덕 있는 자가 되려면

개인적인 에피소드, 인간으로서의 실체에 덕이 나타난다

 아무튼 이 세상에서 덕 있는 자가 되기 위해 다음에는 무엇이 필요하겠는가?
 종교가 이외에도 물론 덕 있는 자는 존재한다. 덕은 정치적 지도자나 혁명가 등에게 있다고 할 것이다.
 혁명가의 경우 정말로 악마처럼 보이는 사람도 있는가 하면, 그렇지 않고 성스러운 사명을 띠고 활동하는 사람도 있다. 그러나 양쪽 다 싸우는 입장이므로 그 사람에게 덕이 있는지 없는지 이 세상적인 관점에서는 그렇게 간단히 알 수 없는 면이 있다.
 그러나 의외로 그 사람의 '개인적인 에피소드'나 '인간으로서의 실체' 부분에서 그것이 보이는 면도 있다. '그 사람이 어떤 사람이었는가?'가 여러 가지 에피소드나 다양한 사람과의 교류에서 보이게 될 수도 있으므로 그것을 중시해야 하지 않을까 한다.

앞에서 서술한 야마오리 씨 논문(4절)으로 되돌아가면, 야마오리 씨는 메이지 천황을 위해 목숨을 바친 노기乃木 장군에 대해 썼다. '천황의 주검 곁에서 줄곧 종교행위를 시종일관 지켜보았던 노기 씨는 그것이 전부 끝나서 장의葬儀가 끝난 뒤 따라서 목숨을 끊었다'는 내용이 쓰여 있다.

내가 ≪수호령 인터뷰 황태자 전하에게 차기次期 천황의 자각을 묻는다≫에서 예상한 대로 야마오리 씨에게는 종교학자로서 다음 천황이 될 사람을 간諫하고, 현재의 천황을 위해 천황을 따라서 목숨을 끊고 이 세상을 떠날 마음이 있는 것이라고 여겨진다. 분명히 말해서 '자살욕구가 있을 것이다'라고 나는 알아챘다.

여러 가지 행위가 있겠지만 '그것이 정말로 덕 있는 행위인가 아닌가?'의 판단에는 역사의 검증도 필요하며 '그 사람의 본심이 어디쯤에 있었는가?'에 크게 좌우되는 면이 있지 않을까 한다.

지도자로서 자신을 제어해 가는 힘이 있는가

다만 말해 두고 싶은 것은 '덕은 일반적으로 이 세상에서는 양립하기 힘든 벡터를 가진 것을 체현體現한 인간에게 나타나기 쉽다'는 것이다.

예를 들면 사이고 다카모리西鄕隆盛(1827~1877년)는 막부를 없앤 후 메이지 정부를 세우고 육군대장이 된 거물인데, 이런 사람이 돈에도 지위에도 구애되지 않았던 부분에 사람은 덕을 느낀다.

또 사카모토 료마坂本龍馬(1835~1865년)는 삿초동맹薩長同盟의 배후 주역이며, 이 삿초동맹이 이루어지지 않았다면 메이지 시대는 절대로 오시 않았고 지금의 일본이 평화로운 시대를 누리는 일도 아마 없었을 것이다. 사카모토 료마가 동분서주하여 삿초를 동맹시킨 것이 실은 근대 일본이 생겨난 이유이기도 하다.

이 료마는 대정봉환大政奉還까지는 경험했는데, 그때 료마가 쓴 '신정부의 직책 안案'에 료마 자신의 이름이 실려 있지 않으므로 다른 사람들이 '왜 당신의 이름이 없는가?' 하고 묻자 '나는 일이 끝나면 배를 타고 해외에 나가서 자유롭게 무역이라도 하고 싶다'고 하는 말을 했다고 한다.

이렇게 직책으로 인한 이득을 취하려고 하지 않는 점이 후세에 료마가 사람들로부터 사랑 받는 이유의 하나가 아닐까 한다. '보통 사람이라면 이런 것을 바란다'고 할 때 그렇지 않은 자세를 보이는 인격, 그런 모순을 통합한 인격 속에 어쩐지 덕이 생겨나는 것 같다는 사실을 사이고 다카모리와 사카모토 료마를 보면 잘 알 수 있다.

　권력을 가진다, 지위를 가진다, 돈을 가진다, 사람을 죽이는 것도 어떻게 하는 것도 자유로이 할 수 있는 입장을 가진다. 이럴 때 그 사람이 '어떻게 자신을 제어하고 행동하는가?'라는 부분에 덕이 발생하는 것이 아니겠는가?

　'지도자로서 힘이 있다'고 하는 점에서는 같다고 해도 '자신을 제어해 가는 힘이 있는가 없는가?'의 부분이 물어진다.

　북한의 김정은도 그런 점을 지금 시험 받는 중이다. 2천만 명의 우두머리가 되어 군軍을 움직일 수 있을 만한 덕이 그 30살 젊은 나이에 있는가 없는가? 그것은 그가 하는 것을 보면 차츰 알 수 있게 될 것이다.

**천명을 믿으면서 노력하여
길을 개척해 가는 사람이 되어라**

　매우 어려운 일이기는 하지만 '인간의 본능 또는 동물성에 의거하면 이렇게 될 것이다'라고 생각되는 것과는 다른 것을 태연히 할 수 있으면서 그것에 구애되지 않고 살아갈 수 있는 사람, 혹은 이해에 관계없이 공평무사公平無私를 일관할 수 있는 사람, 그런 사람에게 덕이 발생하게 된다고 생각해야 한다.

그리고 자신의 천명을 느끼거나 '자신의 진정한 활동의 근원, 행동력의 원천은 오로지 정진에만 있다'는 것을 믿는 사람 가운데 덕은 생겨난다고 할 수 있다.

단순한, 이 세상적인 간판이나 지위, 돈 등에서 덕이 생긴다고 생각하면 잘못이다. 역시 맨몸으로, 정진精進의 힘으로 자신이 자신을 셀프메이드맨self-made man(자수성가한 사람)으로 만들어가야 한다. 그런 정진의 힘을 가지고 천명을 믿으며 노력해 가고 길을 개척해 가는 사람에게 많은 사람들이 따라오는 것이라고 나는 생각한다.

이런 점이 덕의 발생 원인이라고 할 것이다.

서두르지 않고 조용히 차근차근 자기 능력을 발휘해 간다

본 장의 서두에서 '종교 속에 100퍼센트 들어간 사람이 다른 곳에서 인정받지 못할 경우에는 어떻게 되는가?'를 서술했는데,

그것은 복싱으로 말하면 아직 오펜스(공격)만이 아니라 디펜스(방어)의 공부도 해야 하는 상태이다.

어떻게 해서 자신이 받는 피해를 적게 하고 펀치를 날리는가? 그러기 위해서는 오펜스와 디펜스가 양쪽 다 필요하며 양쪽을 공부해야 한다.

그것은 실사회의 연구가 아직 부족할 뿐이므로 실사회의 연구를 해서 그것에 익숙해지면서 차근차근 자기 능력을 발휘해 가야 한다.

그와 같은 '조용히 자기 능력을 발휘해 가고, 차근차근 자기 능력을 발휘해 간다'는 것도 또한 덕의 하나이다. 너무 서둘러서도 또한 안 된다는 것도 알아야 할 것이다.

본 장이 여러분에게 많은 참고가 되면 좋겠다.

제 4 장

패배하지 않는 자

이 세상에서의 승패를 초월하는 삶

왜 진리는 이해되기 어려운가

이 세상 사람들의 다수 의견이
반드시 옳다고는 할 수 없다

　본 장에서는 조금 색다른 제목이기는 하지만 '패배하지 않는 자'라는 테마로 서술해 가고자 한다.
　종교를 오랜 세월 하고 있으면 '이 세상의 가치관이나 사고방식과는 무척 다르구나' 라고 생각되는 일이 많다.
　나의 경우 역시 과거에 살았던, 자신과 동류의 사람들, 다시 말하여 다른 종교가나 철학자들의 역사를 참고로 하여 배우는 일이 많은데, 어느 사람들도 현대에 이름은 남아 있어도 '왜 그 시대에 그토록 이해받지 못했는가? 왜 인정받지 못한 채 죽어 갔는가?'하고 이상하게 생각되는 일이 많다.
　현대는 정치에서 민주주의라는 것이 만능인 것처럼 통용되는 시대이며, 나도 그것을 반드시 부정하는 입장은 아니지만, 그 중에는 '민주주의가 마지막 정치형태이며 이제 더 이상의 것은 없다'고 하는 사람도 있다.

그러나 진리 탐구자 혹은 천상계로부터 '신의 계시'를 내리는 자라는 입장에서 역사를 보고 시대를 보는 한, 반드시 이 세상 사람들의 다수 의견이나 전체의 의견이 옳다고만은 할 수 없다.

진리가 이해되지 못하는 두 가지 경우

그런 경우에는 두 가지가 있다.

하나는 이 세상에서의 포퓰러(일반적)한 사고방식이 정반대일 경우이다. '실제의 다수의견이 철학적 진리나 종교적 진리에서 볼 때 정반대이기 때문에 진리가 세상에 받아들여지지 않는' 일이 있다.

요컨대 '이 세상의 상식, 그 시대의 상식에서 보아 받아들여질 수 없는' 경우이다.

또 하나는 시간 축에서 볼 때 너무 빨랐던 예언자와 같은 존재의 경우이다. 너무나 시대를 앞서 있으면 역시 사람들이 이해하지 못해 오해 받는 일이 있을 수 있다.

후자의 경우는 종교가뿐만 아니라 이과 계통의 물리학자나 천문학자도 비슷한 일은 있을 수 있다.

예를 들면 '태양이 지구 주위를 도는 것이 아니라 지구가 태양의 주위를 돌고 있다'는 말을 한 과학자에 대해 그것을 이해하지 못하는 사람들은 사형으로 위협을 가하면서까지 그 신념을 굽히도록 하려고 한 적이 있었다.

혹은 '지구가 둥글다'는 것을 증명하려고 항해에 나선 자에 대해서도 그렇게 간단히는 인정하지 않았다.

지금 와서 보면 누구나 다 알고 있는 당연한 상식이지만, 당시의 사람들은 '아무리 봐도 지상은 수평이다. 땅 끝까지 간 사람은 없지만 땅 끝은 나이아가라 폭포처럼 바닷물이 떨어지고 있으며 더 이상은 알 수 없다'는 식의 세계관을 받아들이는 사람이 많았다.

그 때문에 지구가 둥글다는 것을 증명하기 위해 '반대방향 돌기(서쪽 돌기)로 인도에 가 본다'는 시도를 한 사람도 있다.

현대물리학 속에 있는 사람들의 상식을 뒤집는 것

한편 현대적인 물리학을 보면 양자역학 속에는 불법진리佛法眞理

와 서로 겹치는 것도 상당히 있다고 여겨진다.

다시 말하여 사람들의 상식이 뒤집힐 만한 것이 있다.

예를 들면 '빛은 입자임과 동시에 파동이기도 하다'는 것은 거의 아무 말도 하지 않은 것과 같다. '존재하는 물체이기는 하지만 파동이기도 하다'는 것은 정의를 하는 것 같으면서 실제로는 정의를 하지 않은 것과 같다.

그것은 말하자면 '바다는 파도치는 것이지만 빙산처럼 굳어진 것이기도 하다'는 표현과 같다.

하지만 지금은 그것이 진리로 통하고 있다. 그렇게 생각하지 않으면 설명을 할 수 없는 부분이 있기 때문이다. 거기까지 인식이 미치지 않는 한 그 이유를 아무리 해도 알 수 없다.

물론 우리도 지금 실제로는 설명을 할 수 없는 것을 많이 이용하고 있다.

예를 들어 '메이지 시대에 전신줄이 깔렸을 때 당시 사람들이, 짐을 보자기에 싸서 전신줄에 붙들어 매면 먼 곳에 있는 사람에게 보낼 수 있다고 생각해서 매달았다'고 하는 것 등은 지금은 우스운 이야기겠지만 결코 웃을 수 없는 면이 있다.

메이지 시대의 사람이 보면 '어째서 자신의 가족이나 먼 친척에게 말을 전할 수 있는가?'가 신기해서 견딜 수 없었을 것이다.

'말을 전할 수 있다면 물건도 전할 수 있지 않을까?'하고 생각하여 짐을 전신줄에 묶어 둔 것은, 지금 식으로 말하면 케이블카로 잘못 알았던 면이 있을지도 모르지만, 당시는 그런 일도 있었던 것이다.

  그와 같이 진리에 대해서는 크게 나누어 '일반적인 상식에서 보아 이해될 수 없는 경우'와 '너무 빨라서 이해될 수 없는 경우'의 두 가지가 있다고 생각한다.

이성에 대한 신앙을 수립한 근대

죽어도 신념을 굽히지 않았던 소크라테스 식의 미학

역시 '진리에 사는 자는 이 세상에서 같은 시간에, 혹은 같은 시대에, 혹은 그 장소에서 반드시 찬동을 얻을 수 있는 것을 너무 기대해서는 안 된다'는 것도 알아야 한다. '진짜 진리라면 진리일수록 간단하게는 이해되지 않는 면이 많다'고 할 수 있다.

지금 와서 봐도 일찍이 소크라테스(기원전 469~399년)가 독배를 들이키면서까지 자신의 신념을 굽히지 않았던 이유에 대해서는 여전히 잘 모르는 면이 있다. '왜 그렇게까지 완고했는가?' 하는 생각이 들지 않는 것도 아니다.

소크라테스는 다른 지식인들이 잘못하는 부분을 논쟁에 의해 파헤쳐 갔다. 그렇게 해서 창피를 주었기 때문에 '사람들을 부추겨서 음모하여 소크라테스를 함정에 빠뜨리자'고 하는 사람이 나왔던 것이다.

　소크라테스 자신의 신념을 굽히면 사형을 당하지 않아도 되었으며 '그에게는 70살이면서도 젊은 아내와 어린 자녀도 있었다'고 전해지는데, 그래도 신념을 굽히지 않고 관철했다. 그리고 '도망치십시오'라고 하는 제자의 의견을 듣지 않고 독당근이 든 잔을 들이키고 죽어 갔다.

　아마 소크라테스 식의 미학美學에서 보면 '목숨이 아까워서 자신의 신념을 굽힐 정도라면 자신이 설해온 것이 헛되게 된다'는 말을 할 수 있지 않았을까 한다.

이해할 수 없는 것을 무시하는 것은
비과학적이고 비학문적인 태도

　소크라테스가 설한 진리는 현대의 철학에서는 거의 무시된 채로 읽혀지거나 대부분 상대를 하지 않을지도 모른다. 철학의 개조開祖, 개척자에 해당할 만한 사람이 말한 것이라도 '2500년이나 전의 사람이 말한 것'이라는 이유로 액면 그대로 받아들여지지 않는 일이 많다.

　그는 전생윤회도 영혼의 존재도 수호령의 존재도 설했으며,

다이몬이라는 수호령이 항상 그에게 속삭이고 있었다. 다이몬은 '해서는 안 된다'는 것에 대해서는 분명히 말하지만 '이것을 하라'는 말은 하지 않는 유형의 수호령이었던 모양인데, 그런 존재와 늘 이야기를 하고 있었던 것을 알고 있다.

체질적으로는 나처럼 다양한 영(靈)과 이야기할 수는 없었겠지만, 적어도 자신이 생각한 것에 대해 곧바로 영 쪽에서 답이 되돌아오는 유형이었음은 거의 틀림없을 것이다.

그러나 아리스토텔레스(기원전 384~322년) 때부터 그런 것을 이해할 수 없게 되었다. 플라톤(기원전 427~347년)은 영적인 체질이었지만 아리스토텔레스는 영적 체질이 아니었기 때문에 그때부터 영적인 것을 알기 어렵게 되었으며, 나아가 후세 사람들은 '자신들이 이해할 수 있는 범위의 것만을 받아들이고 그 이외의 부분은 무시한다'는 형태가 되었다.

이런 유형의 이해방식은 대단히 많다. 그것은 결코 과학적인 태도도 아니고 학문적인 태도도 아니라고 나는 생각하는데, 인간에게는 '자신이 이해할 수 없는 것은 미신이나 착각일 것이다'하고 결말을 내는 경향이 있다.

명확하게 신앙심을 가졌던 데카르트와 칸트

데카르트(1596~1650년)의 경우에도 그렇다. 데카르트는 ≪방법서설方法序說≫ 속에서 '영육靈肉의 이원론二元論'을 설했는데, 전체적으로 이 책을 읽으면 그는 신앙심에 대해 분명히 설하였으며, 영혼의 존재나 영계靈界의 존재에 대해서도 분명히 설했다. 또 자신이 영몽靈夢을 꾸는 체질이라는 것도 분명히 설했다.

그런데 그런 부분은 전부 스킵(skip, 건너뜀) 되어 버렸다. 요컨대 '이 세상과 저 세상을 나누어 이 세상의 일 쪽만을 연구 대상으로 한다'고 하는 사고방식이 여러 학자나 연구자들에게는 편하므로 그쪽으로 가 버린 것이다.

칸트(1724~1804년)도 그 흐름을 이어 받았다. 다만 칸트 자신은 '영계현상'에 대해서도 무척 관심을 가지고 있어서 스웨덴보르그(1688~1772년)라고 하는 사람의 초능력에 대해 강한 관심을 가지고 여러 가지로 정보를 얻어듣거나 했다.

예를 들면 스웨덴보르그는 몇 백 킬로나 떨어진 장소의 화재 등 여러 가지를 원격투시하기도 했고, 유체이탈하여 영계에 갔다가 돌아오기도 했다. 혼이 빠져 나가 있을 때는 사흘쯤 '죽은 상태'가 되어 있었기 때문에 가정부에게도 '방에 들어가지 않도록' 말하고 저 세상에 가서 탐구를 하고 돌아오는 일을 했다.

칸트는 그런 사람에 대해 대단히 관심을 가졌던 모양이다. 다만 관심은 가졌어도 영적인 것은 자신의 연구 대상이 되지 않으므로 일단 '나로서는 학문적으로 연구 대상이 되는 쪽에 주목한다'는 태도를 취했다. 그렇게 해서 그는 추상적이며 어려운 철학을 설해 갔던 것이다.

칸트 철학은 매우 추상적이며 이 세상적이고 구체적인 것이 아니다. 그런 '추상의 세계'라는 것을 하나 완결하여 만들어낸 셈인데, 이 추상의 세계가 존재하기 때문에 영계 세계가 다소 알 수 없는 느낌이 되어 있다.

나아가 칸트 자신도 '자신의 철학은 신의 목을 기요틴(프랑스 혁명 때 발명된 사형 기구)으로 베어 버린 것과 같다'는 것을 어느 의미에서는 인정하고 있다.

다만 칸트는 신앙심을 가지고 있었으며 영능력자靈能力者의 활약 등에 대해서도 대단히 관심을 가지고 있었지만 '그것을 학문의 대상으로 삼지 않는다'고 하는, 어느 의미에서의 금욕적인 체질로 연구했을 뿐이다.

이성 신앙에 의한 문명 실험은 성공했는가

칸트 철학은 다른 철학자나 사상가에게도 인용되면서 프랑스 혁명 등에도 영향을 주었다. 결국 칸트 철학이 실제로 신의 목을 기요틴에 매달아 베어 버린 형태가 되었기 때문에 '인간의 이성理性' 쪽을 신앙하는 힘이 매우 강해져서 '이성 신앙'이 수립되었다.

요컨대 신과 실제로 만나서 이야기를 할 수 없기 때문에 '인간의 이성' 쪽을 믿게 되었던 것이다. 그 이성도 개인의 차원이라면 옳은지 그른지 알 수 없으므로 '많은 사람들이 대낮에 술도 마시지 않고 제대로 토론을 해서 납득이 가는 결론을 내고 그 합의에 의거하여 세상을 움직여 간다'고 하는 형태가 되었다. 그런 이성적인 세상이 나타났던 것이다.

거기에 부수하여 보면, 역대의 왕 등에도 원래는 왕권신수설적王權神授說的인 사고방식이 들어 있었다. 즉 '신이 지상을 통치함에 있어서 직접적으로는 육체를 가지지 않기 때문에 그 통치를 왕에게 맡겼다. 왕가王家에 대대로 신의 대리인을 보내 이 세상을 다스리게 하였다'고 하는 사고방식이 오랫동안 있었다.

그 때문에 왕조로서 혹은 왕가로서 남아 있는 곳의 대부분은 그 출발점에서 신화적인 전설이나 '신의 후예'라는 사고방식이 들어 있다.

일본신도日本神道에도 똑같은 사고가 있다. '아마테라스오미카미天照大神의 자손이 현재의 황실이다'라고 하는 사고思考가 남아 있는데 이것도 왕권신수설적인 사고방식이다.

이런 것을 프랑스혁명에서는 부정해 갔다.

다만 그렇다고 해서 안정이 되지 않기 때문에 반동이 일어나 황제가 생기기도 하고, 공화제로 되었다가 또다시 황제가 생기기도 하는 등 여러 가지 일이 되풀이해서 일어났다.

따라서 '근대 이후에는 진리를 엿보면서도 그것을 믿을 수가 없어서 문명 실험이 수없이 행하여졌다'고 해야 할 것이다.

물론 그런 가운데에서도 좋았던 점은 있다고 생각한다.

예를 들면 옛날의 신이나 부처, 하늘의 의견이라는 것에는 역시 시대성이 있으며, 시대가 바뀌었을 때 그 시대에 맞는 말이 반드시 임하는 것은 아니므로, 그것이 시대의 정체를 낳아 발전의 저해요인이 되는 경우도 있기 때문이다.

옛날 사람의 권위가 확립되어 있으면 새로운 것은 좀처럼 인정을 받지 못한다. 그래서 '그런 것에 의지하기보다는 되도록 많은 사람이 서로 대화하면서 행복하게 지낼 수 있는 제도를 만드는 쪽이 비교적 더 나은 세상을 만들 수 있는 것이 아닐까?'라고 하는 사고가 나온 것이다.

그 의미에서 '계몽시대'나 근대 계몽철학이나 민주제의 흐름 속에는 신앙과 양립하는 것도 있는 한편, 역시 상징 천황제는 아니지만 '신 자체를 상징적인 존재로 떠받들고, 구체적인 이 세상의 일에 대해서는 전부 인간의 손 안으로 되돌리자'고 하는 움직임이 있었던 것이라고 생각한다.

이 부분을 만회하려면 역시 이 세상 인간의 교육 수준과 신앙의 수준을 올리고 그 질을 높일 이외에 현실적으로는 방법이 없었을 것이다.

03
석가의 출가와 조국의 멸망

전후 민주주의에 무릎을 꿇은 불교학자

소크라테스의 예 등도 들면서 서술해 왔는데, 불타의 경우에도 똑같은 면은 있다고 할 수 있다.

그는 석가족의 왕자이며 왕의 외아들이었지만, 그것을 다소 깎아내리기 위해 나카무라 하지메 中村元 라는 불교학자는 전후戰後 민주주의의 흐름에 영합하여 '석가국의 왕이란 이른바 왕국의 왕이 아니라 자치체自治體의 의장과 같은 것이었다'고 하는 말을 했다.

이것은 불교학자가 전후 민주주의에 무릎을 꿇은 상징적인 사례라고 할 것이다.

그런 고대에 민주주의적인 의장과 같은 사람이 나라를 다스렸을 리가 없다. 이것은 '왕'이라고 하는 것이 창피해서 그렇게 말했을 것이다.

그 다음에 나카무라 하지메는 '인간 석가'라는 말을 많이 하며 석가의 인간적인 측면을 강조했다. 그것은 '신화적인 내용을 믿는 것은 학문 연구로서 창피하다'고 하는 흐름이 있기 때문이다.

만약 석가 시대에 언론 매체가 있었다면?

하지만 석가의 출가, 성도成道, 전도의 역사를 이 세상적인 현재 바로 지금의 상식에 적용시켜서 생각한다면 '만약 석가 시대에 언론 매체가 있었다면 비판했을 것이다'라고 간주되는 요지는 몇 가지나 들 수 있다. 내가 '슈칸신초週刊新潮'나 '슈칸분슌週刊文春'이라는 주간지의 편집장이라면 석가의 무엇을 비판할지 그들을 대신해서 쓰는 것은 간단하다.

'양친이나 주위로부터 기대 받고, 좋은 가정교사가 있어서 학문을 하고, 무술에도 힘쓰며 자랐는데도 후계자로서의 책임을 팽개치고 성을 빠져 나와 도망쳤다.

그의 부모는 만일 그런 일이 있어서는 안 된다고 해서 천하의 미녀를 모아 그를 시중들게 하고 세 계절(여름, 우기雨期, 겨울)의

궁전까지 짓는 등 극진했다. 그리고 매우 촉감이 좋은 비단옷밖에 입지 않는, 혜택 받은 성장 환경이었음에도 불구하고 그것을 전부 버리고 새벽녘에 성을 빠져 나와 출가했다.

매우 무책임하기 짝이 없는 남자다. 그토록 보살폈는데 가출하다니 말도 안 된다. 그 결과 자신은 편했는지 모르지만, 뒤에 남겨진 자가 어떻게 되었는지 똑바로 봐라'

결국 석가족이 멸망한 것은 석가가 죽고 난 다음의 먼 장래가 아니라 석가 재세 중의 일이었던 것이다.

덧붙여 말하면 '석가'라는 이름은 부족의 이름이며 국명國名의 '대명사'로서도 사용되었다. 나의 경우로 말하면 도쿠시마德島에서 태어났기 때문에 '도쿠시마 류우호오德島隆法'라는 이름이 되는 것과 같다.

불교교단이 남은 한편, 비참한 최후를 마친 석가국

석가 재세 중, 그 만년에 석가족은 코사라국이라는 한층 더 큰 나라에 의해 멸망당했다. 당시 인도 16개국 중에서 마가다국과 코사라국이라는 두 개의 대국이 최강국 싸움을 계속하고 있었는데, 출가 후의 석가는 코사라국 쪽에는 기원정사祇園精舍라고 하는 거점을 가졌고, 마가다국 쪽에는 죽림정사竹林精舍라는 거점을 가지고 있었다. 이와 같이 이대二大 거점을 두 강국에 가지고 있었다.

이것은 석가가 정치적으로 초월했었다는 것을 의미한다. 이 마가다와 코사라는 인척관계도 맺고 있었지만 늘 전쟁을 했다.

석가국은 코사라국의 속국과 같은 자리 매김이었기 때문에 불교교단은 만들어졌지만 그의 만년에 석가국 자체는 멸망했다.

그 전에 석가는 친족 일부와 청년 등 500명 정도를 출가시켰는데, 전원을 출가시킨 것은 아니므로 나라가 멸망할 때는 대단히 비참한 최후를 마쳤다.

석가의 가르침 자체는 고향에도 들어와 있었다. 아힌사(불살생)의 사상에 다소 가까운 면이 있었기 때문에 석가국은 의외로 전수방위專守防衛(오직 방위를 위해서만 무력을 씀)에서 저항하지 않았기 때문에 몰살당하는 형태로 멸망했다. 그런 면은 지금의 일본과 조금 비슷하다.

그래서 지금껏 네팔에 있는 행복의 과학 신자 중에 '샤카'라고 하는 이름을 가진 사람이 있는 것을 보면 '어떻게 살아남았지? 어디로 도망쳤었나?'하고 궁금하게 느낀다. 거의 전멸하거나 몰살당했을 텐데, 어딘가에 숨어서 도망친 일족이 있어서 그 후에도 잠복하고 있었던 것이다. 그처럼 샤카라는 사람이 지금도 있다.

　석가는 만년에 고향이 멸망하는 경험을 했는데, 입멸入滅 전에 멸망한 고향을 향하여 마지막 여행에 나선다.

　역시 이 세상에는 비정한 일이 있다.

　아무튼 석가는 왕가의 후계자로서 나라를 지키는 사명을 포기하고 처자를 내버려 두기도 하는 등 모든 것을 버리고 자신의 길을 찾는 쪽으로 들어갔다.

　일단 석가교단이 만들어졌기 때문에 '개인으로서는 어느 정도의 성과를 올렸다'고 할 수 있지만, 당시는 아직 인도의 유력 교단 중 하나였을 뿐이며, 인도 전체에 퍼질 정도까지 융성했던 것은 아니다. 갠지스 강 중류 근처의 중인도를 중심으로 해서 퍼졌는데 '그 밖에도 유력한 종교가 있었다'고 말해지고 있다.

　따라서 '석가에 대해서 치고 들어갈 틈이 있는가 없는가?'하면 많이 있다. 다만 불교 신도들은 그런 점에 대해서는 아무 말도 하지 않는다.

합리적인 불교에도 있는 신화적 전설

또 석가가 태어났을 때에 대해서도 '사방을 향해 일곱 걸음 걷는 동안에 연꽃이 피었다'든지 '그 뒤 천상천하유아독존天上天下唯我獨尊이라고 했다'는 신화적인 전설이 많이 있다. '태어나서 곧바로 걷는다'는 것은 정말 어렵지 않을까 생각되지만, 그에 대해 아무 말도 하지 않는 것이 불교도의 좋은 면이다. '합리적인 종교'라는 말을 들으면서도 그런 신화부분에 대해 불교도는 아무 말도 하지 않는다.

그리고 '석가가 태어날 때 도솔천兜率天에서 하얀 코끼리의 모습을 취하여 어머니의 태내에 들어갔다'고도 말해지는데, 나도 실제로 뭔가 다른 모습처럼 보이는 것이 깃들이는 장면을 본 적이 있다.

그런 불가사의한 일이 많이 일어났다.

예수와 석가는 조국을 구했는가

예수도 똑같다. 예수 처형 후 40년쯤 될 때 나라가 멸망했으므로 '예수는 구세주였는데도 유대 국가를 구하지 못한 것이 아닌가? 구세주로 태어났는데도 결국 나라가 멸망하지 않았는가?'라고 말할 수 있을 것이다.

더구나 그 후 1900년 동안이나 유대 민족은 유랑민이 되어 세계로 흩어져 1900년대에 겨우 나라가 세워졌는데 이번에는 그것이 아랍 세계와의 전쟁의 씨앗이 되었다.

따라서 '변변치도 않은 구세주'라는 생각도 없는 것은 아니다.

똑같이 석가도 구세주라고는 하나 석가국은 멸망했으므로 '자신의 나라도 구하지 못했느냐?'는 비판은 받을 수 있다.

물론 이에 대해서는 '부처의 얼굴도 세 번까지'라는 속담이 된 고사가 있다.

코사라국의 비두다바 왕이 석가국을 멸망시키려고 올 때 석가가 나타나 고목 아래에 앉아 있었다. '이건 불가사의하다'고 하는 설도 있지만, 왕은 그것을 보고 '부처님은 석가국의 왕자였지'하고 군대를 되돌렸다. 그런 일이 세 번까지는 있었지만 그래도 계속 공격해 왔으므로, 석가도 '이것은 과거세의 카르마일지도 모른다'고 생각하고 단념했다고 한다.

학살을 불러들인 면도 있는 불교의 평화사상

그와 같이 '부처의 얼굴도 세 번까지'라는 말도 남아 있는데 역시 이 세상에는 이 세상의 규칙이 있어서 비두다바 왕이 공격해 온 데에는 그만한 이유가 있었다.

실은 비두다바 왕은 왕자 시절 코사라국에서 석가국으로 유학을 와서 몹시 굴욕을 당했다. 그것은 석가족 출신인 자신의 어머니가 신분을 속이고 코사라국에 시집왔다는 사실을 그때 비로소 알았기 때문이다.

석가국은 코사라국으로부터 '왕가 사람을 시집보내라'고 했을 때 그대로 따르기가 조금 분했기 때문에 왕가와 관계는 있었지만 이른바 노예계급에 해당하는 고용인의 딸을 왕가의 딸로 속여서 코사라국 왕의 며느리로 주었다. 유학을 와서 그 사실을 알았던 것이다.

인도는 카스트제가 엄격한 곳이므로 '누구에게서 태어났는가'는 대단히 중요한 일이었다. 왕자였던 비두다바는 석가국 사람들에게 몹시 업신여김을 받고 굴욕을 당했기 때문에 매우 화를 내면서 돌아간 다음 '내가 왕이 되면 복수해 주겠다'고 벼르고 있었다.

그래서 비두다바 왕은 복수하러 온 것이며, 석가도 세 번까지는 막았지만 '역시 이것은 석가국 사람들의 부덕의 소치였다'고 해서 그 이상은 막지 않았다.

이 석가국의 멸망 장면에는 꽤 비참한 광경도 그려져 있다.

예를 들면 당시의 석가국 왕은 석가의 사촌 형제였다는데, 그는 비두다바 왕에게 '아녀자가 도망칠 시간을 조금만 주지 않겠는가? 내가 연못에 잠수하여 숨을 멈추고 있는 동안만 눈감아 달라'고 부탁했다.

그래서 '알았다. 그동안만 기다려 주겠다'고 했는데, 물에 잠수한 채 아무리 지나도 떠오르지 않으므로 '이상하다'고 생각해서 조사해 보니, 그는 수초의 뿌리에 머리털을 묶어서 떠오르지 않도록 하고 물 밑바닥에서 죽어 있었다. 그처럼 비참한 이야기도 남아 있다. 아녀자를 도망치게 하기 위한 시간을 벌기 위해 목숨을 버린 사람도 있었던 것 같다.

석가국은 그런 비참한 최후를 마쳤는데, 불교의 평화사상은 상대에게 학살이나 온갖 포학한 짓을 저지르도록 불화를 불러들이는 면도 있으니 그런 점은 주의해야 한다.

이 세상에서 불합리한 일이 일어나는 이유

행복의 과학을 묵살하는 현상유지 세력의 존재

그와 같이 여러 가지 진리가 다양한 형태로 설해져도 역시 제각각 틈이 있기는 하다.

'완전한 진리를 어디서도 공격할 틈이 없을 만한 완전무결한 형태로 이 세상에 내려 보낸다'는 것은 어려운 일이며, 실제로는 '이 세상의 상식과 맞지 않는 쪽이 많다'고 해야 할 것이다.

나도 대오大悟 이래 이미 삼십 몇 년 동안 해 왔고 교단으로서도 일정한 연수를 넘어 활동하고 있다.

다만 아직도 생각이 미치지 않는 곳이 상당히 많다.

행복의 과학은 지금 이 나라의 모습 자체의 방향에 대해 의견을 말하고 있으며, 이 나라의 모습에 대한 방향을 뛰어넘어 다른 외국에 대한 의견도 상당히 말하고 있다.

예를 들면 일본의 가상 적국이 될 것 같은 나라에 대해서도 의견을 말하고 있으며, 일본과 동맹관계에 있는 나라에 대해서도 의견을 말하고 있다. 혹은 다른 종교가 지배하는 나라에 대해서도 그 종교의 문제점을 지적하고 있다.

이런 일은 현시점에서 행복의 과학의 실력에서 보면 아직 미치지 못하는 면이 있지만 '지금 말하지 않으면 시기적으로 맞지 않는다'고 생각해서 발언하고 있다. 하지만 교단 쪽이 아직 거기에 따라오지 못하고 있다.

행복의 과학을 인정하지 않는 이 세상의 세력은 현상유지를 바라고 있다. 반드시 악의는 아닐지도 모르지만 '지금까지 이렇게 해 왔으므로 그 사고방식을 바꾸고 싶지 않다'고 하는 힘이 강하게 작용하는 것이다.

그 때문에 전혀 다른 사고방식이 나타나서 '모두 이것을 따라 오라'고 해도 '금방은 따라갈 수 없다'고 하는 힘이 작용할 것이다.

그 표현이 '무시'이기도 하고 '묵살'이기도 하다.

평가가 굳어지기까지는 시간이 걸린다

일본을 보아도 그렇지만, 훈장 등이 나올 때란 대개 그 사람의 인생이 끝나거나 평가가 거의 굳어져서 이제 더 이상 올라갈 방법이 없다. 더 이상은 아무것도 나오지 않는다고 할 때이다. 혹은 죽어서 관 뚜껑이 닫힌 뒤에 겨우 평가 받는 경우도 많다.

한편 살아 있을 때 대단히 높게 평가 받다가 사후 최악의 평가를 받는 경우도 실제로는 많이 있다.

역시 '앞이 보이지 않는다'는 것은 큰일이다.

예를 들면 지난 번 대전에서는 '일본이 아시아의 이웃 국가에 대해 온갖 포악한 짓을 다했다'고 해서 비난을 받고 그 반성에 기초를 두고 전후戰後도 시작되었지만, 그렇다고 해서 '일본으로부터 침략 당했다'고 하는 나라들을 '모두 옳았다'고 해서 너무 치켜세우면 이번에는 '그쪽 나라들이 잘못해도 그것을 바로잡을 수 없다'는 일도 일어난다.

또 1976년에 마오쩌둥毛澤東이 죽었을 때 당시의 신문에 '거성 떨어지도다'라고 하는 큰 표제가 실리고 마오쩌둥의 위대함을 칭송하는 기사가 다수 쓰였던 것을 기억한다.

그와 같이 살아 있는 동안에는 대단히 위대한 영웅처럼 이야기되던 지도자일지라도 연수가 지남에 따라 여러 가지 문제가 생기는 일이 있다.

예를 들면 김일성이나 스탈린 등은 살아 있을 때는 강대한 힘을 가지고 있었지만 사후에는 평가가 많이 내려갔다.

혹은 히틀러는 투표제 민주주의에 의해 생겨난 영웅이며 약 90퍼센트나 되는 지지를 얻어 등장했지만, 이 사람은 살아 있는 동안에도 악의 마왕처럼 이야기되었다.

인간에게는 눈앞의 빵이나 사냥감에 지배되기 쉬운 면이 있으며 '힘 앞에는 굴복하는' 경향이 있어서 강력한 권력이나 군사력을 배경으로 한 자가 압력을 가해 오면 대개 그것에 따른다. 이럭저럭 하는 동안에 어느새 가스실에서 몰살된 유대인과 같은 운명이 기다릴 수도 있다.

아웅 산 수치 씨에게서 보는 이 세상에서의 불합리함

이 세상에서는 불합리도 버젓이 통용되며 그것이 일정한 기간은 계속된다.

소련과 같은 나라도 칠십년 넘게 계속되었다. 중국도 지금으로서는 아직 계속되고 있지만 그 최후가 어떻게 될지, 살아 있는 동안에 지켜볼 수 있지 않을까 생각한다. 신께서도 상당 기간 그것을 허용하시는 일도 있다.

혹은 미얀마도 그렇다. 영국 등에서는 지금도 '버마'라고 부르는데 그 미얀마에서는 아웅 산 수치 씨가 이끄는 당이 선거(1990년)에서 대승하여, 그녀는 정치의 우두머리를 유지할 수 있었을 텐데도 군사정부에 의해 20년이나 연금되었다.

영국인인 남편이 열심히 로비공작을 해 주었기 때문에 그녀는 노벨 평화상을 수상했지만, 그와 같이 세계의 주목을 모아 어떻게든 도우려고 해도 결국 돕지를 못했다.

국외퇴거를 받아들여서 일단 미얀마를 떠나면 두 번 다시 입국할 수 없게 되므로 그녀는 나라를 나오지 못하고 남편이나 자식과도 뿔뿔이 흩어진 채 20년간 연금되어 있었다.

국제사회가 보고 있는 가운데 그런 일이 당당히 행해졌던 것이다.

'미얀마는 민주화가 진전되었다'고 말하지만 현시점에서는 아직 군정軍政이다. 군인의 일부가 민간인이 된 척하여 민간인이 정치를 하는 것처럼 보이는 등 일면 부드러워진 면이 보여서 여러 외국의 원조를 받을 수 있게는 되었지만 실제로는 군인이 통치하고 있다.

또 미얀마 헌법은 수치 씨가 대통령이 될 수 없도록 개정되어 있다. 일본의 헌법 개정은 대단히 어렵지만, 미얀마 헌법은 쉽게 개정되었는데 '외국인을 배우자로 삼은 경험이 있는 자는 대통령이 될 수 없다'고 되어 있다.

이것은 수치 씨를 집중 공략한 것이 틀림없다. '현재 외국인이 반려인 자는'이라고 한다면 그런대로 이해가 간다. 그 경우에는 외국에 지배당할 가능성이 있으므로 알겠으나 수치 씨의 남편은 이미 세상을 떠났으므로 그것을 말하는 것은 매우 불합리하다.

미얀마의 개정헌법에는 '일단 외국인과 결혼한 경험이 있는 자는 대통령이 될 수 없다'는 것과 '군사지식이 없는 자는 대통령이 될 수 없다'는 두 가지 조항이 들어 있다. 요컨대 '군인 출신이 아니면 또는 군부에 소속된 적이 있는 자가 아니면 대통령이 될 수 없다'는 것이다.

이 두 가지 조항에 의해 사실상 수치 씨가 대통령이 될 수 없도록 되어 있는데 '헌법에 특정 개인이 대통령이 될 수 없도록 하는 조항을 넣는다'는 것은 어느 의미에서 '대단한 일'이다. 나로서는 일본에 와서 헌법을 바꾸어 주었으면 하는 마음도 있지만, 그런 일을 할 수 있는 나라도 있다.

다만 미얀마의 민주화 운동은 지금도 계속되고 있으므로 이 헌법도 언젠가 폐기될 것이다. 이와 같이 20년 정도는 그런 불합리한 일이 일어나는 경우가 꽤 있다.

살아 있는 악마가 존재한 폴 포트 시대

그런 일도 있는가 하면 캄보디아의 구 폴 포트 정권과 같이 동포를 200만 명 죽여서 해골로 만들어 버리는 일도 있다. 정말이지 '해골의 산'이며 해골이 선반에 많이 진열되어 있는 대량학살이었다.

더구나 살해된 것은 거의가 지식인, 인텔리 계급이었다. 대학을 나온 사람들은 모두 살해되었으며, 외국에 유학하거나 해외에서 살다가 귀국한 사람들도 몰살되었다.

요컨대 그런 사람들은 다른 가치관을 가지고 있기 때문이다. '위정자가 하는 일은 잘못되어 있다'고 비판하는 것은 대개 학식이 있는 인텔리이다. '외국에는 이렇게 되어 있다'는 것을 알 수 있는 사람들은 위정자를 비판하므로 지식인과 외국에서 돌아온 자를 몰살했던 것이다. 이건 참을 수 없는 일이다.

행복의 과학으로 말하면 대체로 국제본부의 직원부터 몰살될 것이라고 생각되는데, 역시 그것은 외국의 예를 끌어오면 얼마든지 비판을 할 수 있기 때문이다.

이와 같이 '자국민이 200만 명이나 살해되어도 그에 대해 손을 댈 수 없다'고 하는 일이 실제로 일어난다. 그처럼 '살아 있는 악마'가 존재할 수 있는 시대가 있다.

역사 속에서 검증된 올바름이 인류의 지혜가 된다

그것은 '이 세상은 일종의 실험장이며 여러 가지 배움의 터다. 그 의미에서 잔혹한 일이나 비합리적인 일이 일정 기간 행하여지는 경우도 있다'는 뜻이다.

다만 시대가 지나고 보면 반성하는 힘이 작용하게 되어 '무엇이 옳은가?'가 검증되어서 그것이 인류의 지혜가 된다.

따라서 동시대에는 알 수 없는 일이 있다.

예를 들면 중국의 삼국지 시대에도 '삼국이 싸움을 하고 있지만 어느 나라가 옳은지 알 수 없는' 면은 있으며 '결과적으로 경쟁하여 이긴 곳이 통일하면 된다'고 할 정도로 밖에 생각하지 않는 부분도 있다.

역사를 보면 '일직선으로, 합리적으로 구성되어 있다'고는 도저히 생각할 수 없는 면이 있다. 다시 말해 '건설'과 '파괴' 양쪽이 행하여지는 것처럼 느껴진다.

인정받지 못함을 견뎌라

초기 교단의 인재의 다양한 변화

행복의 과학도 여러 가지 사업을 전개하여 다양한 일을 하고 있지만 좀처럼 인정받지 못하거나 생각대로 되지 않는 일이 많다고 느낀다. '이토록 열심히 하고 있는데 왜 방해를 하는가? 가로막는가?'라고 생각되는 일도 있으며, 행복의 과학 이외의 단체에서도 '왜 그렇게 나쁜 곳을 열심히 치켜세우는가?'라고 생각될 때도 있다.

그것은 '나쁜 자' 쪽이 이 세상에 가까운 경우가 많고 의외로 가치관이 비슷하기 때문에 알기 쉬워서 친근성을 느끼거나 할 수도 있기 때문이다.

따라서 '진리에 사는 자는 곧바로 인정받지 못하는 것을 견뎌야 한다'는 것이 필요한 마음가짐이다.

나도 이따금은 과거를 돌이켜보고 '생각하는 데까지 가지 않는구나'라든지 '이렇게 좋은 일을 하는데 어째서 알아주지 않지'하고 생각했다.

하지만 아주 옛날을 상기하여 행복의 과학이 시작되기 전까지 거슬러 올라가 보면 영계통신이 일어나기 전은 물론 신자는 제로였으며 나 자신도 진리를 모르는 상태였다. 그 후 내쪽에 영적 현상이 일어나서 최초에는 가족도 의심의 눈으로 보며 믿을 수 없는 상태였는데, 우선은 가족이 믿는 데서부터 시작되었다.

그 후 책이 나오게 된 다음에는 열혈 독자가 차츰 협력자로 바뀌었다. 그로부터 몇십 년이 지나는 동안 여러 가지 변화가 많았다.

초기 무렵에는 가족이 도와주었으나, 그 후 가족이 아닌 제자가 들어와서 여러 가지로 도와주었다. 하지만 조직이 생기게 되자 그 부분의 관계도 어려워졌다.

또 제자도 자신들을 '입문한 순서대로 훌륭하다'고 생각하지 쉽지만, 나중에 온 제자 중에 훌륭한 사람이 나오거나 하면 그 부분의 관계가 매우 어려워진다. 반드시 선착순으로 지위를 올릴 수 없는 면도 있어서 그 부분의 조절이 어렵기 때문에 교단 초기에 참여한 무렵의 간부 중에는 안타까운 사람도 있었다.

'조금 더 나중에 왔다면 오래 있을 수 있었을 텐데'라고 생각되는 사람도 있었지만 '빨리 왔기 때문에 금방 지위가 높아져서 조직이 체계화됨에 따라 점점 있을 수 없게 된 케이스가 많았다.

상당히 자유롭고 융통성 있는 분위기의 초기 교단에 익숙했던 자가 조직의 운영이 체계화되면서 점점 자유롭지 않게 되고 엄격한 규율이 적용되는 일도 있었다.

그 때문에 여러 가지 인재나 상황의 변화는 나의 주변에서도 많이 일어났다.

참을성 있게 진리를 관철해 가는 태도가 중요하다

또 교단의 바깥쪽에 있는 사람 중에도 행복의 과학을 응원해 주는 사람도 있는가 하면 반대하는 사람도 있기도 하고, 또는 사고방식이 바뀌어 반대 입장에 서는 사람도 있었다.

그동안 여러 가지 충돌이 일어나기도 했다.

다만 1980년대에 일어난 종교는 그 밖에도 있었지만, 당초는 똑같이 보였던 것이 연수가 지남에 따라 차츰 그 평가가 달라지고 있는 것이 아닌가 한다.

그리고 '행복의 과학은 잘못되었다'고 진심으로 생각해서 공격해 오는 상태에서 차츰 공격의 방식도 달라졌다. 다시 말하여 행복의 과학이 사회에 일정한 세력을 가지고 힘을 갖고 있기 때문에 '권력자인 정치가들을 감시해야 하는 것과 똑같은 의미에서 종교도 감시해야 한다'는 형태가 작용하기 시작했다. 그와 같이 공격 방식의 질이 달라지고 있음을 느낀다.

그래도 우리 입장에서 보면 '진리의 관철'이라는 의미에서는 아직도 충분한 단계까지 가지 않았으므로 이런 정도에서 멈출 수는 없다. 그렇게 생각해서 '한 단계 더, 한 단계 더'라고 하며 위를 지향해 가면 역시 권력욕이나 명예욕이 있는 것처럼 보여서 공격이 심해지는 면은 있다. '이것을 극복해 갈 수 있는가 없는가?'의 시련이 아직 더 계속될 것이다.

우리는 '올바름이란 무엇인가?'를 열심히 주장함으로써 진리의 싸움을 전개하고 있는데 이 올바름이란 무엇인가?에 대해서도 '영계靈界도 포함한 의미에서의 올바름'과 '이 세상만의 올바름'에는 상당히 다른 점이 있으므로 이 부분에는 그렇게 간단히 일치하지 않는 면은 있다고 생각한다.

그런 가운데서도 비교적 단기간에 조금씩이기는 하지만 세상이 인정하고 따라와 주고 있다는 느낌이다.

다만 역시 기본적인 입장으로서 '인내하며 기다릴 줄 알아야 한다'고 생각할 때가 많다.

아직도 어떤 분야이든지 빠른 시간에 성공하거나 큰 발전을 하기는 좀처럼 쉽지 않다는 것이다.

예능계나 스포츠계와 같이 한순간에 일약 대스타로 유명해지는 일은 별로 없으나, 행복의 과학 이외의 종교가 각광을 받거나 주목되거나 부추겨지는 일은 있어서 불합리하다고 생각될 때도 있다.

하지만 가만히 참고 있으면, 그 부추겨졌던 자의 평가가 얼마 지나지 않아 떨어지는 것을 과거 몇 번이나 보아 왔다. 비록 다른 자가 한 때 잘 나가거나 하는 일이 있어도 거기에 영향을 받아 이쪽도 안달하며 경쟁하는 것이 아니라, 우리 자신들이 생각하는 바, 믿는 바를 차분히 관철해 가는 태도가 중요하다고 할 것이다.

06

진리에 목숨을 건 신의 사자들

역사를 바꾼 자가 엄한 시련을 겪는 불가사의함

　나는 지금으로서는 '비참한 미래를 불러들이면서까지 급속히 활동을 추진하고 싶다'고 할 정도로 과격하지는 않다. 그러나 인류사를 보는 한 역사를 바꾸려고 한 자들은 모두 상당히 엄한 시련을 겪었으므로 앞일에 대해서는 알 수 없는 면은 있다.

　예를 들면 지금 요시다 쇼인吉田松陰(1830～1859년)의 생애를 생각해 봐도 '어째서 그런 사람을 처형해야 했는가?'하는 느낌은 든다.

　무슨 일이 있어도 처형해야 할 이유가 있었다고 하면 그것은 '감화력이 지나치게 강했다'는 것이다. 요컨대 '감화력이 강해서, 방치해 두면 그를 믿는 사람이나 동조자가 많이 늘어날 가능성이 높기 때문에 일찌감치 싹을 잘라야 한다'는 면이 있었을 것이라고는 생각하지만, 그래도 이해하기 힘든 면은 있다.

그 다음에 프랑스에는 잔 다르크(1412~1431년)라고 하는 사람이 나왔는데 그때도 '정의란 무엇인가?'를 알기 어려운 시대였다고 생각한다.

영국과 프랑스 왕족은 서로 친척관계를 맺어 왔는데, 당시는 영국이 프랑스를 공격했던 시대이다.

'프랑스는 영국의 식민지가 되는 것이 좋은가? 아니면 프랑스라는 나라의 독립을 유지시키는 것이 옳은가?'에 대해 그 당시의 사람들에게도 좀처럼 알 수 없었을 것이다.

그때 잔 다르크가 나타나서 '프랑스라는 나라를 지키는 것이 신의 의지다'라고 명확히 하고서 영국군을 프랑스에서 쫓아내는 싸움을 했는데, 그 잔 다르크는 영국인이 아니라 프랑스인인 가톨릭 성직자에 의해 이단 심문을 받아 '이단'으로 판정되어 화형에 처해졌다. 이것은 불가사의하다. 예수 때와 약간 비슷한 느낌이 든다.

예수의 경우에도 로마인이 명하여 예수를 사형에 처한 것이 아니다. 유대는 로마의 식민지이기는 했지만 예수의 사형을 바란 것은 유대인 쪽이다.

식민지 지배를 하는 로마인들 쪽은 오히려 예수와는 조금 거리가 있었기 때문에 '이 사람을 처형하는 것은 위험하지 않은가?'하고 느껴서 판단을 유대인들 쪽에 맡겨 버렸다.

유대인들의 판단은 '강도 살인범을 사면해서라도 예수를 처형하라'는 것이었다. 이 증오는 대단한 것이다.

그때 사형될 사람이 모두 3명이 있었지만 '축제날에는 1명은 용서해도 된다'는 은사恩赦의 관례가 있었기 때문에 유대 총독이 '예수와 바라바의 어느 쪽을 용서할까?'하고 묻자 유대 민중은 '바라바 쪽을 용서하라'고 대답했다. 바라바는 정치운동을 했었다는 설도 일부에 있으나, 일반적으로는 강도 살인범이라고 되어 있다.

결국 유대인이 '바라바를 용서하고 예수를 처형하라'고 했기 때문에 예수는 처형된 것이다. 예수의 경우도 동족에게 죽임을 당했으므로 참으로 불가사의한 느낌이 든다.

불우한 최후를 마쳐도 후세에 빛을 남길 수는 있다

잔 다르크가 활약했던 시기는 17살부터 19살까지이다.

그녀는 농가의 딸로 태어나 공부를 하지 않았기 때문에 글자를 읽고 쓸 수가 없었다. '이 문서에 네 이름을 쓰기만 하면 화형을 당하지 않고 살 수 있다'는 말을 듣고 서명 같은 것을 했다. 그러나 그것은 '신의 목소리가 들렸다는 것은 거짓이었다'고 인정하는 내용이었다.

잔 다르크는 글자를 읽을 수 없어서 속았던 것인데, 살려준다는 약속을 깨고 화형을 시켰다.

'신이 보내신 사자가 반드시 이 세상에서 정당하게 받아들여지지 않고 비참한 꼴을 당한다'는 것은 참으로 불가사의하다.

잔 다르크는 사후 500년이 지나고서 겨우 가톨릭 안에서 성인聖人으로 이름이 등재되었다. 요컨대 가톨릭교회는 자존심 때문에 500년 정도 자신들의 잘못을 인정하지 않고 버텼던 것이다. 일반 사람들은 더 빨리 자신들의 잘못을 인정했지만 교회는 500년 정도나 인정하지 않았다.

요시다 쇼인에게도 같은 면이 있다.

다만 그런 사명을 가지고 살았던 사람이 이 세상에서 불우한 최후를 마쳐도 후세에 공평한 감각이 작용하여 많은 사람들의 마음에 강한 빛을 남기게 되는 경우가 있다.

프랑스인으로 유명한 사람은 잔 다르크와 나폴레옹 정도이며, 그 외의 영웅은 거의 없는 것과 같은 상황이다.

메이지유신明治維新에서도 여러 사상가와 혁명가는 있었지만 지금 와서 돌이켜 보면, 그 발화점이 된 것은 극히 소수의 사람들임이 명백하다.

동시대의 가치관에 영합하지 않고 옳은 말을 계속한다

역시 동시대에는 그렇게 간단히 알 수 없는 일이 있다.

박해하는 쪽에도 우수한 사람이 있다. 우수한 사람들이라도 체제 속에 잠겨 있으면 그 논리에서 벗어날 수가 없어서 맡은 직무를 충실히 완수하는 일이 있다.

그와 같이 '이 세상의 심판이나 가치관 등은 반드시 정당하지는 않다'고 생각되는 일은 앞으로도 많이 있을 것이다.

다만 이 세상의 심판이든 판정이든 평가가 비록 자신들이 생각하는 것과 다른 형태로 나타난다 해도 그것을 가지고 '자신들이 믿는 것'이나 '진리 탐구'를 버리는 태도를 취해서는 안 된다. '이것도 또한 시험받고 있다'고 생각해야 한다.

인류의 역사를 돌아보면 예로부터 자신의 죽음을 내걸고서라도 진리를 왜곡하지 않으려고 한 사람들이 산더미처럼 많다.

그 중에는 나중에 제대로 올바른 평가를 받은 사람도 있고, 물론 평가 받지 못하고 이단인 채로 남은 사람도 있다. 처형되고 명예회복이 되지 않은 채 역사의 저편으로 흘러가 버린 사람도 많이 있겠지만, 그런 사람은 그런 사람 나름으로 또 그 다음 일을 다른 형태로 하는 것이 아닌가 한다.
  동시대에도 그런 일을 하는 사람이 많겠지만, 우리는 역시 시대의 가치관에 반드시 영합하는 일 없이 '옳다'고 생각하는 것은 계속 말해야 할 것이다.

진리에 사는 자는 패배하지 않는다

**무슨 일이 있어도 진리를 놓지 않는다는
인내의 마음이 중요하다**

　내가 설하는 '패배하지 않는 자'란 이 세상적인 의미에서 '결코 지지 않는다'는 것이 아니다.
　나는 ≪성공의 법≫도 설하였으므로 '이 세상적으로 성공한다'는 의미에서의 '계속 이기는 법'도 있을 것이라고 생각하며, 그런 면도 일부에는 있다. 또 반대의 면도 있을 것이다.
　요컨대 '진리라든가 불법佛法이 되면 이 세상적인 의미에서의 가치판단이나 높낮이, 승패를 초월하여 계속 존재해야 하는 면도 있다'는 것이다. 그러기 위해서는 자신이 선택한 가치관을 위해 목숨을 버리는 것에 긍지를 가져야 한다.
　나는 신자가 전혀 없는 상태에서 시작하여 현재의 지점까지

왔으므로 객관적으로 보면 믿는 사람이 일본뿐만 아니라 세계적으로 늘어나고 있다. 역시 빛은 '행군'을 계속하고 '행진'을 계속하며 계속 퍼지고 있다고 생각한다.

다만 행복의 과학의 근본적인 가르침인 '엘 칸타아레의 정의定義'에서 봐서 '엘 칸타아레는 지구상의 여러 종교나 진리의 중심에 있는 지도자다'라고 하는 신앙을 진정한 의미에서 이 지구상에 수립하기까지는 아직 꽤 거리가 있을 것이다. 동시대에 그것을 지구상에 살고 있는 모든 사람에게 믿게 하기는 그리 간단한 일이 아닐 것이다.

다시 말하여 '다양한 종교 중의 일부, 원 오브 뎀(on of them)으로서 행복의 과학이 존재한다'는 것까지는 어느 정도 허용되겠지만, 그 다음은 그리 쉬운 일은 아닐 것이다.

지금 세계에는 기독교와 불교, 이슬람교, 일본신도, 그 밖에 수많은 종교가 있는데 행복의 과학이 정말로 커져서 이들 종교가 위협을 느끼게 될 때 과연 어떤 반응을 하고, 어떤 평가를 내리고, 어떤 형태의 비판이나 공격을 해 올지는 알 수 없는 면이 상당히 있다.

다만 '어떤 일이 있을지언정 진리의 등불을 놓지 않는다'고 하는 인내의 마음이 중요하다. 위대한 자는 반드시 인내의 시기를 거치는 법이라고 나는 생각한다.

동시대에 평가가 정해지지 않았던 링컨 대통령

예를 들면 링컨 대통령(1809~1865년)도 최근 미국에서 재평가 되고 있지만, 그가 선거에서 많은 낙선을 한 것을 보면 '민주주의라고 해도 미국 사람들도 사람을 보는 눈은 가지고 있지 않구나'하고 절실히 느낀다.

그의 경우, 아마 당선된 숫자보다 낙선한 숫자 쪽이 훨씬 많을 것이다. 그토록 연설도 잘 하고 인격도 훌륭한 분인데도 실제로는 그다지 인기가 없었던 것 같다.

또 그는 장신長身인데, 어떤 종류의 병에 걸려 있었는지 거미형 인간같이, 손발이 길고 비대한 체형이었다. 진짜인지 어떤지는 모르나 '손이 무릎까지 닿을 정도로 길었다'는 이야기도 있어서, 약간 어느 의미에서는 기형적인, 인간의 외모 면에서는 조금 달랐던 면이 있었던 것 같다.

나아가 얼굴도 '인상이 그다지 좋지 않다'고 해서 평판이 나빴으며, 어린 아이로부터 '아저씨는 수염을 기르는 것이 좀 더 멋져요'라고 쓰인 팬레터를 받고 수염을 기르고 나서 잘 알려진 링컨답게 되었던 것 같다.

　그런 사람이라도 선거에서는 별로 이기지 못했으며, 지금에야 그는 '미국에서 가장 사랑 받는 대통령'이라고 말해지지만, 실제로는 미국의 역사 가운데 남북전쟁으로 인해 육십만 명이 넘는 사망자를 내서 미국인을 가장 많이 죽게 한 대통령이기도 하다.

　다만 미국인으로서는 '나라가 둘로 나누어지는 것을 막고 하나로 통합한 링컨 대통령이 위대한 미국을 만들었다'고 하는 마음이 대단히 강할 것이다.

　링컨은 신이 없는 미국에서 신처럼 존경 받는 사람 중 한 명이기는 하지만, 동시대의 미국인이라도 역시 그리 간단히 꿰뚫어 보는 눈은 없었으며, 대통령이 되어 남북전쟁을 북군의 승리로 끝나게 해도 극장에서 암살되거나 할 정도였으므로, 그 시점에서도 아직 평가는 정해지지 않았던 것이다.

　남군 쪽에서 보면 그 때까지 가졌던 자신들의 재산권을 빼앗긴 셈이 되므로 한이 골수에 사무칠 것이다. 그 당시는 노예도 재산이었으며 노예해방에 의해 남부의 면화농장 경영에는 막대한 피해가 생겼겠지만, 그보다도 인종차별을 철폐하는 쪽을 우선시했다.

인종차별을 철폐하기 위해 싸우다 암살된 킹 목사

 그러나 미국의 인종차별은 링컨에 의해 철폐된 것처럼 보였지만, 실제로는 그 후 100년이 지나도 계속되고 있었다.
 그래서 킹 목사, 즉 마틴 루터 킹 주니어는 '링컨은 나라를 통일하여 평등을 실현한 것처럼 말해지지만, 이 나라에서는 아직도 백인과 흑인을 가로막는 벽은 부서지지 않았다'고 해서 'I Have a Dream'이라는 유명한 연설을 했다.
 그는 그 연설 속에서 '언젠가 흑인 아이들이 백인 아이들과 사이좋게 손을 잡거나 같은 테이블에 앉거나 할 수 있는, 그런 시대가 온다는 꿈을 가지고 있다'고 말했다.
 그 킹 목사도 모텔의 발코니에서 저격당해 암살되었다.
 그와 같이 세상에는 '왜 이런 불합리한 결과가 일어나는가?' 하고 생각될 만한 일이 꽤 있다.

신념에 사는 자를 패배시킬 수는 없다

 다만 진리에 사는 자는 이 세상에서 비록 그 시점에 인정받지 못하거나, 반대를 받거나, 박해를 받거나, 탄압을 받거나 하는 일이 있어도 '영원성', '보편성'이 수반됨으로써 장래에는 반드시 보완되도록 되어 있다고 할 수 있다.

행복의 과학도 자신들의 미약함을 돌아보지 않고 분골쇄신하며 이 나라의 모습을 바꾸려고 노력하기도 하고, 미합중국의 모습을, 중국정부의 모습을, 북한이나 한국에 대해서도, 아랍세계에 대해서도, 다른 외국에 대해서도 여러 가지 의견을 말하며 바꾸려 하고 있다.

객관적으로 보면 힘이 많이 부족할 것이다.

지금은 아직 탱크를 향해 돌을 던지는 정도밖에 되지 않을지도 모르지만, 언젠가 진리는 전해진다. 그것은 반드시 퍼져 가게 마련이라고 믿고 싶다.

그리고 '역사의 전환점에서 반드시 유효한 역할을 완수할 수 있다'고 믿고 싶다.

우리는 물론 객관적으로도 성공의 길을 걷고는 싶지만, 비록 그것이 뒤로 미루어지거나 길이 가로막히는 일이 있어도 '패배해도 패배하지 않은 자가 이 세상에는 있다'는 것을 계속 보여야 한다.

'신념에 사는 자'를 패배시킬 수는 없다는 것을 후세에 보여야 한다고 굳게 바라는 바이다.

**영원히 패배하지 않는 것을 위해
목숨을 버리는 정신을 가져라**

　나는 '성공에 관한 법'도 많이 설하고 있지만, 또 한 측면으로서 '이 세상적으로 성공하지 않았다고 해서 그것이 잘못된 것은 아니다'는 것도 잊어서는 안 된다. 그런 것도 종교 쪽에서는 말해 두어야 할 것이다.
　요컨대 '이 세상의 관점으로는 패배한 것처럼 보여도 사실은 패하지 않았다'는 것은 얼마든지 있다.
　그럼으로써 우리는 영원히 계속 빛날 수 있다.
　확실히, 인정받지 못하는 동안은 매우 괴롭고 힘든 싸움이 계속될 것이다.
　'더욱 더 진리가 퍼지면 좋을 텐데. 더욱 더 많은 사람이 믿어 주면 좋을 텐데'라든지 '더욱 더 유력한 사람들이 인정해서 힘을 빌려 주면 좋을 텐데, '왜 더 빨리 국제사회에서 인정받지 못하는가?', '왜 종교에 대한 차별 속에 매몰되어 좀처럼 빠져나올 수가 없는가?' 그런 생각이 계속 힘차게 솟아난다.
　하지만 다른 종교에 속하는 사람들도 아마 같은 생각을 할 것이다. 다른 종교를 믿는 사람들도 '우리의 종교야말로 옳은데도 왜 이것이 퍼지지 않는가? 왜 세계에서 인정받지 못하는가?'라고 말할 것이다.

특히 불교계나 여러 전통종교 등의 입장에서 보면 행복의 과학은 정반대의 사실을 말하는 것처럼 보일 것이다.

예를 들면 '원자력 발전소(원전) 사고가 일어난 이후 종교계는 원전 반대운동으로 열심히 뭉치려고 노력하고 있는데, 이단아인 행복의 과학이 원전 추진을 호소하며 방해를 하여 사람들의 행복을 빼앗으려고 하는 것'처럼 보일지도 모른다.

또 중국이나 한국, 북한 등이 힘을 키워온 것을 보고 '지난번 전쟁에서는 일본이 그만큼 나쁜 짓을 했기 때문에 그들 나라가 행복해지는 것은 좋은 일이 아닌가? 일본이 침몰하는 것은 좋은 일이 아닌가?'라는 식으로 생각하는 사람도 많이 있을지 모른다.

혹은 어느 정도 종교성이 있는 오바마 대통령과 같은 사람은 '일본의 정권이 우경화하여 전쟁을 불러들이는 체제가 되어 가는 것은 매우 우려할 만한 사태다'라고 생각할지도 모른다.

그와 같이 매사를 보는 견해는 여러 가지가 있어서 자신들만의 사고가 전부가 아닌 것은 사실이다.

다만 진리를 믿는 자로서

결코 이기주의에 휩쓸리지 않고

진리를 밀고 나가는 일에 목숨을 걸어야 한다.

이 세상에서 이기든 지든

비록 패배해도

'패배하지 않는 자'가 있다.

'영원히 패배하지 않는 것'이 있다.

'그 영원히 패배하지 않는 것이야말로 진리'임을 알아야 한다.

그 진리를 위해 목숨을 버리는 정신을 잃어서는 안 된다.

그런 내용을 본 장에서는 말해 두고자 한다.

제 5 장

상식의 역전

새로운 시대를 개척하는 진리의 힘

01
시대의 상식과의 싸움

대오 이래 진리에 대한 몰이해와 계속 싸웠던 삼십여 년

본 장은 '대오제大悟祭(나의 대오를 기념하는 날에 열리는 축하 행사)'를 맞이하여 여러 가지로 생각했던 것을 법화로 한 것이다.

1981년의 '대오'로부터 30년 이상이 지난 지금, 나 자신을 돌이켜 보면 '잘 싸워왔구나'하는 느낌이다. 특히 근래의 자신을 되돌아보면 절실히 그렇게 느낀다.

아직도 이 싸움은 끝나지 않았다.

이미 법륜法輪은 구르고 있지만 아직 갈 길은 멀고 무명의 어둠은 짙으며 진리와 인연이 먼 사람의 수는 많아서, 세계에도 가르침을 퍼뜨리기 위해 나가 있기는 하나 아직도 아득히 미치지 못함을 느낀다.

그렇지만 '이미 가르침의 원형이 되는 것은 설해졌다'고 느끼고 있다. 그리고 '이것을 어디까지 퍼뜨려 갈 수 있는가?'가 이제부터의 싸움이라고 느낀다.

과거의 역사를 봐도 '종교인 가운데 그 사람이 살았던 당시에 이 세상의 상식과 싸우지 않고 끝난 사람은 없다'고 해도 좋지 않을까 한다.

사람들은 왜 이렇게까지 건망증이 심한가?

왜 이렇게까지 간단한 진리를 이해하지 못하는가?

왜 이렇게까지 자신의 눈으로 보고 귀로 듣고 손으로 느끼는 것 이외에는 완강하게 믿으려 하지 않는가?

≪성서≫를 체코어로 번역한 죄로 처형된 얀 후스

종교인이 싸우는 상대가 '종교를 믿지 않는 자'에게만 해당되지 않는다는 것이 한층 슬픔을 더하게 한다.

예를 들면 행복의 과학이 낸 영언집靈言集 중에 ≪얀 후스, 잔 다르크의 영언≫(행복의 과학 출판 간행 참조)이 있다. 이 두 사람의 종교인은 1400년 무렵의 사람이다.

지금 얀 후스(1370년 무렵~1415년)의 출신지인 체코의 역사를 돌아보면 현지에서 '신'에 해당할 만한 존재는 그 외에 없다. 얀 후스에 대해 그려진 그림 등을 봐도 그 한 사람이며, 그 밖에는 신도 천사도 아무것도 눈에 띄지 않는다.

이 사람, 단 한 명이 체코의 수도(프라하)에 내려온 빛의 지도령指導靈이며 '체코의 시조신始祖神'인 것처럼 말해지고 있다.

하지만 이 후스에 대해 당시의 가톨릭 총본산 바티칸은 '이단'이라는 판단을 하였다.

프라하 대학교의 총장이었던 후스는 예수의 말이며 또한 그의 언행록인 ≪성서≫를 '체코어로 번역하여 그것을 사람들에게 퍼뜨렸다'는 이유로 탄압을 당하고 이단 심문을 받아 화형에 처해져 죽어 갔다.

이것을 종교에 속하지 않는 자들이 행한 것이라면 이해 못할 부분은 아니다. 혹은 오래된 토착종교에 관계된 자들이 새로운 종교를 두려워하여 행한 것이라면 이해 못할 바가 아니다.

그런데 후스는 ≪성서≫를 체코어로 처음으로 낸 것 자체가 이단이라고 판단되어 화형에 처해졌던 것이다.

다만 그 후 역시 국민들의 분노가 가라앉지 않아 '후스 전쟁'이라고 불리는 격렬한 싸움이 일어났다.

신의 목소리에 따른 애국소녀
잔 다르크를 처형한 교회

그로부터 불과 1세대 정도 지날 무렵, 프랑스에는 '오를레앙의 소녀'라고도 불리는 잔 다르크가 나왔다. 동레미 마을이라는 조용한 농촌에서 태어난 소녀이다.

잔 다르크는 17살 때 '영국으로부터 침략 받은 오를레앙을 해방하라. 그리하여 프랑스를 구하라'고 하는 신의 목소리를 듣고 당시 적에게 포위되어 있던 오를레앙을 해방하기 위해 일어섰다.

그녀는 전투가 한창일 때는 백마에 올라타고 스스로 검을 휘두르며 적진에 뛰어들어 2년 동안 계속 싸웠다. 그 결과 '오를레앙을 해방하고 프랑스의 멸망을 막아, 이윽고 영국군의 완전 퇴각을 이루어냈다'고 하는 기적을 일으켰던 것이다.

그러나 프랑스를 구한 이 잔 다르크도, 놀랍게도 프랑스 가톨릭 성직자들에 의해 종교재판을 받고 몇 번이나 심문 당한 결과 이단으로 판단되어 화형에 처해졌다.

'이단'이 된 이유를 들면 '농촌에 태어나 나이도 어리고 프랑스어를 읽고 쓰지도 못하는 인물에게 신의 목소리가 들릴 리가 없다'라든지 '성직자인 자신들에게 신의 목소리가 들리지 않는데 그런 곳에 내려올 리가 없다'는 식이었다.

혹은 '오랜 가톨릭의 가르침에 따라 부모의 말을 잘 들었는가, 아닌가?'라고 묻고는 '부모의 말을 잘 듣지 않았다면 가톨릭교도로서는 이단이다'라는 등의 트집도 잡았다. 하지만 프랑스 해방을 이룩하려는 신들린 소녀에게 부모의 승인 따위가 있을 리 없다.

따라서 '잔 다르크 당시의 가톨릭 성직자들'도 '≪구약성서≫를 믿고 예수를 십자가에 매단 2000년 전의 유대 성직자들'도 조금도 다른 데가 없었던 것이다.

천상계가 보낸 종교개혁가가 탄압 당한 역사

잔 다르크는 그 후 500년이나 지난 다음에 겨우 '성인聖人'의 한 사람으로 이름이 등재되었다.

다만 '잔 다르크는 신이 보낸 사람이며 프랑스를 해방하고 그 독립을 지킨다는 것은 신이 명한 성스러운 일로서, 그녀 없이는 프랑스가 멸망하는 것을 막을 수 없었다'는 것쯤은 누구라도 알고 있었던 일이다. 그것을 인정하는 데에 교회는 500년이나 걸렸다.

최근 바티칸에서는 교황이 바뀌었다. '죽어서가 아니라 여러 가지 일을 이유로 하여 생전에 교황이 바뀐 것은 600년만의 일'이라고 한다.

참으로 믿을 수 없을 정도로 일반의 상식에 비해서도 훨씬 낡은 사고방식이었다고 느끼지 않을 수 없다.

그 바티칸에 대해서는 여러 가지 추문이나 혹은 '마피아를 둘러싼 부정한 돈의 움직임과 관련되어 있지 않은가?'라는 등 부정한 소문이 난무하고 있는데 종교가라는 이름의 정치가나 이권 브로커가 다수 발호하고 있을 것이라고 여겨진다.

이 세상적으로 처세를 잘 하는 사람들이 천상계에서 보낸 진짜 종교개혁가들을 차례로 탄압해 왔던 것이다.

신의 마음을 짓밟는 종교계의 상식

그리스도의 부활을 바라지 않는 교회의 본심

본 장의 제목인 '상식의 역전'이란 단지 '과학적인 계몽시대에 들어와 종교가 뒤로 물러선 대신에 유물론을 기반으로 하는 과학을 신앙하는 것이 현대적인 상식이 되었다. 그런 입장에서 보면 종교는 믿을 수 없다'고 하는 의미에서의 '상식'을 역전시키는 것만이 아니다.

종교 속에서 '상식'으로 굳어진 것 중에도 신의 마음을 짓밟을 만한 것이 이미 존재하며 '신의 마음보다 자신들의 보신을 우선하는 자'가 많이 있다. 그런 의미에서의 '상식'에 대한 역전이기도 하다.

이것은 러시아의 문학자 도스토예프스키가 ≪카라마조프의 형제들≫ 속의 대심문관_{大審問官}에게 말하도록 한 내용과도 통한다.

'대심문관'의 장에서는 '중세에 그리스도가 지상에 부활한다'는 이야기가 있는데, 그 속에 나오는 대사교大司教는 그의 정체가 그리스도임을 간파한다. '병자를 낫게 하고 죽은 자를 되살리기도 한다. 이것은 그리스도 자신일 것이다'라고 알았던 것이다.

그럼에도 불구하고 대사교는 그를 붙잡아 감옥에 넣고 심문을 한다. 그리고 사형까지는 하지 않았지만 결국 마을에서 추방해 버린다.

그때 대사교는 감옥에서 '네가 누구인지 쯤은 알고 있다. 하지만 우리는 네가 필요하지 않다. 새삼스럽게 뭐 하러 온 것인가? 올 필요가 없었다. 네가 옴으로써 우리가 만든 세계를 파괴해서는 곤란하다'라고 말한다.

이와 같이 그가 부활한 그리스도임을 알면서도 추방을 명한 이야기가 쓰여 있다.

예수의 혼의 형제인 톨스토이를 파문한 러시아 정교

도스토예프스키와 동시대의 러시아에는 톨스토이(1828~1910년)라고 하는 문호가 나왔는데, 2012년에 영언靈言을 수록할 때 그는 '예수의 혼의 형제(분신) 중 한 명이었다'는 말을 분명히 했다(《톨스토이 – 인생에 보내는 말》 행복의 과학 출판 간행 참조).

그 속에서 톨스토이는 예수가 말한 것처럼 '빛이 있는 동안에 빛 속을 걸어라'라고 말했는데, 그런 그도 만년에 러시아 정교로부터 파문당했다. 세계적인 문호이기는 했지만 '정통적인 러시아 정교의 신도라고는 인정되지 않는다'고 해서 파문당한 것이다.

그런 의미에서 예수에서 시작된 교회가 예수의 마음을 알 수 없게 된 시대가 되었다.

커다란 오해와 착각에 가득 찬 21세기의 상식

따라서 우리가 지금 뒤집어야 할 '상식'의 세계란 결코 자동차나 휴대전화, 인터넷 등이 보급한 기계 만능인 편리한 세상의 '상식'만을 가리키는 것은 아니다. 그 이외의 종교적인 전통에 따른 여러 가지 사고방식에 대해서도 '티끌, 때, 먼지, 곰팡이' 등 다양한 것이 붙어서 이미 진실이 보이기 않게 되어 있다.

그 때문에 앞서 서술한 문학에서 말해진 것처럼 지금 '예수와 같은 자'나 '불타와 같은 자'가 이 세상에 나타났다고 해도 '실은 나오지 않았으면 했다'고 하는 경우도 있을 수 있다. 교회나 사원 등 여러 큰 종파에게는 스스로를 지키고 유지하기 위해 그것을 받아들이지 않는 것이 '필요한 판단'인 경우도 많다.

그런 일은 정치의 세계에서도 버젓이 통용되고 있다.

'기득권익과 생업을 꾸려나가기 위해 기성 구조가 죽 계속되어 가도록'하는 것만을 생각하여 온갖 농간을 부리는 패거리가 정치가를 칭하고 있다.

또 종교가 중에도 저 세상을 부정하고 혼魂의 존재를 부정하면서 공양만은 하거나 하는 자도 있다. 안타까운 일이다.

혹은 '의학이야말로 현대 최고의 지성이 모여 있다'는 말을 들으면서도 영적인 현상에 관해서는 전부 '뇌의 기능이나 정신작용의 문제'로 부정해 버리고 정신질환인 것처럼 생각하는 의학도 많이 있다.

요컨대 '증거가 없는 것은 인정할 수 없다', '교과서에 쓰여 있지 않은 것은 인정할 수 없다'고 하는 생각이 버젓이 통용되고 있다.

그 다음에 경제에서는 마르크스의 경제사상을 신봉하는 사람이 아직껏 많이 있지만, 행복의 과학의 영적 판정에서는 그는 현재 '무간지옥無間地獄'이라는 곳에 존재하는 듯하다.(≪마르크스·마오쩌둥의 스피리츄얼 메시지≫ 행복의 과학 출판 간행 참조).

또 심리학자인 프로이트라는 사람에 대해서도 행복의 과학이 영적으로 조사한 결과 '잘못된 심리학을 설한 것 같다'고 밝혀졌다(≪프로이트의 영언≫ 행복의 과학 출판 간행 참조).

그의 학설은 '인간의 마음의 병은 유아기에서의 학대나 성욕 등에서 발생하고 있다'고 하는 사고방식, 즉 '모든 것은 이 세상에 원인이 있었다'고 하는 식의 사고방식으로서, 혼적魂的인 것에 대해 언급하지 않아도 되는 입장을 취했는데, 여기에도 또한 종교적 진리에 대한 그 나름의 부정이 가해져 있다.

이와 같이 커다란 오해와 착각의 '상식' 속에서 수많은 아이들이 교육 받고 판정 받고 엘리트의 분류를 거쳐서 남 못지않은 '상식인'이 된 듯 사회에 나와 출세를 하고 이 세상을 이끌고 있다. 그러나 '그 중 대부분은 썩어빠진 것으로 이루어져 있다'는 것을 알아야 한다.

행복의 과학 이외에도 다양한 가르침이 있지만, 이미 어디나 본래의 원형을 남기지 않은 상태까지 무너진 것이 21세기의 현상現狀일 것이다.

세계에 신의 빛이 미치지 않는 현실

나는 2010년의 브라질 순석巡錫 때 '바울 교회'라고 불리는 브라질 최대 규모의 교회에 갔었는데, 그때 거기에는 바울도 예수의 영靈도 임재臨在하지 않고 텅 비어 있었다. 그들은 다른 나라나 지역에 관심이 있는 듯 두 사람 모두 존재하지 않았다는 것에 나도 놀라고 말았다.

다만 다른 곳에 대해서도 대개는 그런 상황일 것이라고 생각한다.

마찬가지의 일은 싱가포르에 순석 설법을 하러 갔을 때에도 있었는데, 현지의 설법에서 나는 분명히 말했다.

'강연 전날 싱가포르의 신을 찾으려고 몇 번이나 불러 보았지만 어촌의 촌장 정도밖에 나오지 않았다. 유감이지만 이 나라에는 신이 없었다. 실례일지도 모르지만 돈벌이에만 힘쓰는 싱가포르의 번영에 신의 빛은 미치지 않았다. 그러므로 무신론의 중국과 돈벌이가 발달된 싱가포르는 표면적인 모습은 다를지언정 내용적으로는 큰 차이가 없다'고 솔직히 말씀드렸다(2011년 9월 15일 영어설법 'Happiness and Prosperity').

결국 '정신적인 가치를 뺀 발전, 번영은 참으로 허무한 것이다'라고 말하지 않을 수 없다. 어떻게든 이런 세상을 뒤집고 싶을 따름이다.

과학적 탐구와 종교적 진리의 관계

영화 '콘택트'가 그린 미지의 존재에 대한 탐구

다만 놀랍게도 그 모습과 형태는 확실히 알지 못하면서도 어떤 의미에서든 '신'의 존재를 인정하는 사람이 아직 세계의 대세임은 사실인 듯하다.

예를 들면 1997년에 미국에서 제작된 칼 세이건Carl Edward Sagan 원작의 '콘택트Contact'라는 영화에서는 '미지의 존재'를 증명하려는 과학자의 스토리가 그려져 있다.

◎ 우주로부터 오는 전파신호를 해독하여 판명한
　별과 별 사이의 이동방법

이 영화에서는 미국의 여성 천문학자가 전파 망원경 등을 사용하여 우주로부터 오는 여러 신호를 탐지하는 시도를 몇 년이나 계속하고 있다. '지구와 같이 고도의 생명체가 있다면 어떤 형태로든 자신들의 존재를 알리려고 할 것'이라고 생각해서 그 신호를 캐치하려고 하지만 이윽고 연구비의 원조도 끊어져 계획이 틀어지게 되었다.

그때 지구에서 25~26광년 가량 떨어진 거리에 있는 거문고자리의 베가 방향에서 전파신호가 들어온다. 그 신호를 암호 전문가가 해독하자 어쩐지 그것은 베가로 가기 위한 이동장치의 설계도였던 것이다.

◎ 무신론자를 베가성으로 가는 사자에서 제외한
　사문위원회의 판단

그래서 그 승무원을 뽑는 사문위원회에서 10명 가량 뽑힌 후보자가 적성 등에 대한 심문을 받게 된다.

그때 제1 후보가 된 그 여성 천문학자는 '당신은 신을 믿습니까?'라는 질문에 분명히 답하지 못했다. '무신론'이라고는 하지 않았지만 '나는 '증거가 없는 것에 대해서는 믿을 수가 없다고 하는 입장입니다'라고 대답했다.

이에 대해 사문위원회 측에서는 '전 인류의 95퍼센트는 신을 믿는다. 지구인의 대표로 다른 별에 보내는 것이라면 나머지 5퍼센트에 들어가는 사람을 보내는 것은 적절하지 않다'고 하는 의견이 나와서 그녀는 그 제1 후보에서 제외된다.

그 대신에 제2 후보였던 조금 심술궂은 연상의 과학자가 이동 장치를 타는데, 원리주의적인 기독교인基督敎人인 일종의 광신종교가의 테러를 받아 그 장치는 폭파되고 제2 후보인 과학자는 죽고 만다.

그러나 그 후 일본 홋카이도北海道의 어느 곳에 그 장치의 백업이 몰래 만들어져 있음을 알게 되고 결국 그 여성 천문학자가 베가로 가는 여행을 떠난다.

◎ 마침내 베가성 사람과의 콘택트가 실현

그 구조는 장치를 고속 회전시켜서 만들어낸 전자장電磁場과 같은 공간 위에서 구체球體인 비행체를 쿵 하고 아래로 떨어뜨릴 뿐이지만, 그 사이에 워프warp(순간적인 공간 이동)를 하여 베가성으로 가게 되어 있다.

웜홀worm hole(블랙홀과 화이트홀을 연결하는 시공의 터널)을 통하여 베가성에 도착한 그녀는 베가성 사람과 만나지만, 그 베가성 사람은 진짜 모습을 보이지 않고 죽은 아버지의 모습을 취해 나타나서 다음과 같이 설명한다.

'우리는 오랫동안 이렇게 해왔다. 우주에는 많은 문명이 있지만 그 전부가 여기에 와 있는 것은 아니다. 그러나 몇억 년 동안이나 이렇게 초대해서는 그 사람의 기억 속에 있는 인물을 재현한 모습으로 만나고 있다'.

이와 같은 다른 별 사람과의 교류 경험을 하고 그녀는 지구로 돌아온다.

◎ 다른 별의 사람과 만난 증거를 제시하지 못하는
여성 천문학자의 궁지

하지만 그녀가 '베가성에 가 있었다'고 주장하는 그 시간 동안은, 실제로는 구체의 비행체가 위에서 아래로 쿵 하고 떨어졌을 뿐이었기 때문에 주위 사람들은 '실패였다'고 판단한다. 그 모습을 다양한 각도에서 촬영한 영상 속에서 구체가 비치지 않는 시간이 단 한순간 있었는데, 그것만으로는 '베가에 갔다'고 하는 증명은 되지 않는다.

'당신은 베가성 사람과 만났다고 하는데 증거는 있는가?'라고 심문 받은 여성 천문학자는 다음과 같이 대답한다.

'증거는 아무것도 없다. 그러므로 망상이라는 말을 들으면 그것을 부정할 재료는 아무것도 없다. 하지만 내가 경험한 일은 도저히 망상이나 공상이 아니라고 생각한다. 실험과학을 오랫동안 해 온 인간으로서, 관찰자로서 그것은 망상이나 소원이 실현된 것이 아니라 실제로 갔다 온 기억이라는 생각이다'.

요컨대 그때까지 신을 믿지 않고 '증거가 있는 것밖에 믿지 않는다'고 말하던 과학자가 실제로 베가에 갔다가 돌아온다는 체험을 한 바, 이번에는 입장이 역전되어 그것을 믿어 주지 않는 사람들을 설득하는 쪽이 되었던 것이다.

'내 경험을 증명할 것은 아무것도 없지만 아무리 생각해도 망상이라고는 생각되지 않는 것이 있다'고 해도 그것을 증명할 수가 없다. 다만 그녀 자신의 세계관은 바뀌었다.

◎ 우주에서의 신비체험으로 인생이 바뀐 사람들

그와 같이 영화 '콘택트'는 '무신론자가 거대한 우주를 만드는 자, 위대한 존재가 있지 않을까하는 생각에 이른다'고 하는 스토리로 되어 있다.

실제로 달 표면 등 지구 이외에 유인비행을 하고 돌아온 사람들 중에는 우주에 있을 때 신비체험을 하고 지구로 돌아온 다음에 선교사가 되거나 여러 종교 속에 들어가거나 하는 사람도 많다. 신비적인 체험을 한 사람이 많이 있는 것이다.

이 영화의 배경에는 그런 일이 있다고 할 것이다.

무신론이었던 여성 천문학자도 증거가 없다고 해서 그것이 '잘못이다'거나 '믿을 수 없다'고 하는 말을 할 수 없는 사실을 실체험하니 그렇게 말하지 않을 수 없게 되었다.

◎ 1초가 안 되는 동안에 기록되었던 18시간 분량의 노이즈의 수수께끼

단, 이 이야기에는 결말이 있는데, 그 구체가 아래로 떨어질 때까지의 불과 1초도 안 되는 동안만 영상에 구체가 비치지 않았던 순간이 있다.

실은 그녀는 영상을 찍는 장치를 베가성에 가지고 가서 거기서 보인 것을 말하면서 계속 촬영했던 것이다.

그것은 모두 노이즈로 밖에 촬영되지 않았는데, 영상을 조사

제5장 상식의 역전

해 보니 그 기록시간이 '18시간'이나 되었다. 그 '1초도 안 되는 공백' 동안에 '18시간'이 지났던 것은 사실이며 '그동안 어딘가에 갔던 것만은 알 수 있었다'는 것이 영화의 결말이 되어 있었다.

 이 영화는 NASA 관계자로부터의 '우주 정보'가 어느 정도 들어와서 만들어진 것이라고 추정된다. 베가에 관한 정보가 꽤 들어 있다고 생각된다.(≪우주인과의 대화≫, ≪지구를 지키는 '우주연합'이란 무엇인가≫, ≪우주의 수호신과 베가의 여왕≫ 행복의 과학 출판 간행 참조)

증거가 없어도 결론을 받아들이는 것이야말로 신앙의 모습

행복의 과학이 하는 일도 그와 같은 것인지도 모른다.

 현대인은 '증거'를 구한다. 증거가 없는 것에 대해서는 증거를 쌓아 올리지 않으면 인정하지 않는다. 요컨대 형사의 범죄 수사와 같은 것이며, 지문 채취에서 시작되어 뭔가의 물적 증거나 자백, 증언 등 여러 가지를 거듭해서 증명해 가듯이 귀납법적인 증명을 하지 않으면 사람들은 인정하지 않는 시대가 되었다.

 하지만 '역시 결론은 있다'고 하는 사고방식에서 출발하는 연역적 방법도 있다.

　그 때문에 나는 지금 다양한 영능력靈能力을 구사하여 '우주'와 '미래'에 관한 정보를 내놓고 있다.

　이것들은 현시점에서 뭔가 쌓아 올린 증거가 있어서 말하는 것은 아니다. '오래된 지층을 파면 6,500만 년 전에 공룡이 살았다는 것을 알 수 있다'는 식의 증거가 나오는 것도 아니다. 미래의 일에 대해서도 증거는 없다. 우주에 대해서도 증거를 내놓을 수가 없다.

　하지만 만일 미래가 보이거나 '우주로 나가면 어떻게 되는가?'라는 결론이 보이거나 한다면, 다음에는 '어떻게 하면 거기에 도달할 수 있는가?'라는 그 결론을 향해 가기 위한 단계를 탐구하는 길도 또한 있다.

　따라서 '현실로부터 증거를 쌓아 올려서 판단한다고 하는 귀납적인 방법'만이 아니라 '결론에서 보아 어떻게 생각하는가?'라는 연역적인 방법에 의한 판단의 방법도 있다고 할 수 있다.

　그와 같은 '결론을 받아들인다'는 사고방식이 실은 종교의 자세이다. 종교에서의 신앙이란 바로 그것이다. 결론을 받아들이지 않으면 사람은 아무것도 알려고 하지 않고 알 수도 없다.

　결국 신의 존재를 인정하지 않으면 모든 것이 허무해진다.

현대가 가장 발달했다고 하는 생각은 오만의 극치

하지만 '모든 것은 이 세상뿐이다', '이 세상에는 자기가 보고 듣고 느낄 수 있는 것 이외는 존재하지 않는다'고 하는 사람도 있을 것이다.

그와 같이 자신의 눈으로 보고 귀로 듣고 혀로 느끼고 손가락으로 만질 수 있는 것 이외는 믿지 못하는 사람에게는 종교를 믿는 사람의 행위 모두는 망상, 공상 또는 나쁘게 말하면 일종의 사기를 하는 것으로 간주될 것이다.

과학자 중에는 '인류에게는 종교를 믿는다고 하는 어리석은 시대가 유사 이래 적어도 몇 천 년에 걸쳐서 존재했다. 하지만 과학이 발달하여 그런 미신이 후퇴하고 최근에 이르러 겨우 밝은 세계로 나온 것이다. 열린 세계로 나온 것이다'라고 생각하는 사람도 많을 것이다.

유감이지만 그것은 오만의 극치이다.

최근 100년, 200년에 '모든 진리를 알았다'고 생각한다면 오만이며 '2000년 전이나 3000년 전, 4000년 전의 인류가 도덕적, 정서적, 철학적, 진리적으로 현대인보다 뒤떨어졌다'고 생각하는 것도 또한 오만한 사고방식이다. 고대인 중에는 현대인보다 두

개골이 큰 인종도 발굴되고 있다. 그들과 만나서 이야기를 한 것이 아닌 이상 '현대인보다 뒤떨어졌다'고 증명할 수는 없을 것이다.

예를 들면 '크로마뇽인은 현대인보다 뇌가 컸던 것 같다'고 알고 있어도 '그들은 어떤 사고를 하고 어떤 문명, 문화를 가지고 있었는가?'를 지금 재현할 수는 없다.

이런 일에 대해서는 유일하게 내가 '과거세過去世 리딩'(육대신통력六大神通力의 '숙명통宿命通'에 해당하는 고도한 영적 능력. ≪불멸의 법≫ 참조) 등을 할 때 나와서 알 수 있는 경우도 있지만, 현시점에서 증거로써 내보일 수 있는 것은 없다. 하지만 증거를 내보일 수 없다고 해서 그것이 '없다'는 것은 아니다.

현대의 상식에 싸움을 거는 공개 영언 시리즈

나는 행복의 과학의 가장 초기에 '영계 존재증명'의 일환으로서 일시적으로 수많은 영언집靈言集을 발간한 시기가 있었는데, 그 후에는 나의 생각을 중심으로 한 이론서에 중점을 옮겨서 교의를 통합하여 오랫동안 활동해 왔다.

하지만 2010년 무렵부터는 또다시 '공개 영언 시리즈'로서 수

많은 영언집을 내게 되었다(《신들이 말하는 레무리아의 진실》 행복의 과학 출판 간행 참조).

그 안에는 300명 이상이나 되는 영인靈人이 등장하는데(2013년 12월 현재) '이만큼 많은 영언을 낼 수 있다는 것은 곧 현대의 상식에 대해 싸움을 건다'는 뜻이다. '이것을 진짜라고 생각하느냐, 가짜라고 생각하느냐?'라는 물음을 들이대고 있는 것이다.

지금 대형 신문 등에 서적 광고가 계속 실리는 것을 보면 그들도 '행복의 과학은 사회적으로 미친 사람들의 집단은 아닌 것 같다'는 것쯤은 알고 있을 것이다. 그와 동시에 '오오카와 류우호오라는 사람은 지금으로서는 미쳤다고 할 정도는 아닌 것 같다. 대단히 합리적이고 지적인 판단을 할 수 있고 제대로 된 말을 할 수 있는 것 같다'는 것쯤은 알게 된 것이다.

오히려 '행복의 과학이 미쳤다는 것을 증명하는 쪽이 어렵다'고 할 수 있지 않겠는가?

따라서 지금 하나의 '권위'를 세워서 있어야 할 모습과 사고방식, '올바름이란 무엇인가?'를 이쪽에서 제시하고 있다.

잘못된 상식을 타파하는 진리의 힘

세계를 크게 뒤흔들기 시작한 천상계로부터의 메시지

행복의 과학이 '올바름'으로서 제시한 것에는 여러 가지 영적 실험의 축적에 의해 나온 결론으로부터 '이렇다'고 말하는 면도 일부에는 있지만, 기본적으로는 앞에서 서술한 것처럼 하늘에서, 우주의 중심에서, 천상계의 중심에서 내려오는 힘, 빛, 사고방식을 제시하고 있다.

물론 '영언집을 쌓아 올린다'는 것도 이 세상적으로 알기 쉬운 형태인 일종의 증명이기는 할 것이다. 지금 이만한 것을 내놓을 수 있는 사람은 없을 것이다.

이런 것에 확률론이 적용되어야 할지 어떨지는 알 수 없지만 '이 세상을 떠난 분들의 영언을 몇 백 명이나 책으로 만들어서 낼 수 있다'는 확률은 100만 분의 1이나, 1,000만 분의 1이나, 1억

분의 1이나 있을지 없을지 알 수 없다. 이미 확률로서는 낼 수 없으리라 생각된다.

하지만 나는 영언집을 계속 내고 있다. 또 그 중에는 일본 초창기의 신들에 해당하는 분들도 나오고 있다. 그리고 그들의 영언이 지금 기독교계도 이슬람교계도 일본신도계도 그 밖의 무신론국가도 뒤흔들기 시작하고 있다.

이와 같이 지금 영적으로 크나큰 물결이 일어나기 시작한 것은 사실이다.

예를 들면 지금 ≪고사기 古事記≫나 ≪일본서기 日本書紀≫에 나오는 일본 초창기의 신들이 나오고 있다면, 한 번 더 이 일본이라는 나라의 '재건', '새로운 출발', '새로운 나라 만들기'를 생각하고 있을 것이며, 그럼으로써 세계의 종교에도 커다란 영향을 주려고 하는 것이라고 생각한다.

또 '국민의 70퍼센트 가까이가 가톨릭 신도'라고 말해지는 기독교국인 브라질에는 예수도 바울도 임재해 있지 않음을 나는 확인했다.

하지만 그 예수는 행복의 과학에 자주 와서 영적으로 지도를 하고 있다. 바티칸으로서는 참으로 바라는 바가 아닐 것이다. 그들에게 예수는 이탈리아어 이외의 말로 이야기해서는 안 되는 존재일 것이라고 생각되는데, 유감스럽게도 일본어로도 이야기해 준다.

다만 일본의 교회에서는 이야기해 주지 않는다. 참으로 불공평하다. 그들은 필시 '예수를 믿고 십자가에 기도하는 사람들이 있는 곳에 내려와 주면 좋을 텐데'라고 바랄 것이다. 어쩌면 크리스마스 케이크를 만드는 회사에는 내려올지도 모르지만, 적어도 '교회 쪽에는 오지 않는 것 같다'는 것은 알고 있다.

그것은 앞에서 서술했듯이 만약 지금 예수가 교회에 나타나면 곧바로 탄압의 대상이 되리라는 것쯤은 알고 있기 때문일 것이다.

영적 진리를 유물론으로 왜곡하는 현대인의 책임

기독교에서는 신비적인 것이나 영적인 것을 부정해 버리는 경향이 아직까지도 있다.

또 불교에서도 2500년의 흐름 속에서 유물론적인 사고방식을 끌어내는 것은 가능하다. 가르침 속의 일부분만을 꺼냄으로써 그것은 가능해진다.

예를 들어 내가 만일 다음과 같은 가르침을 설했다고 하자.

'여러분은 장수하고 싶다고 바랄 것이다. 오래 행복하게 살고 싶다, 풍요롭고 행복하게 살고 싶다고 바랄 것이다.

그러나 여러분은 한 사람도 남김없이 이 세상을 떠나게 된다. 아무리 육체를 단련해도 아무리 건강법을 행하여도 몇 십 년 후에는 반드시 죽게 된다.

죽으면 육체는 불태워져 재가 되고 무덤 속으로 들어간다. 최근에는 '자연장自然葬'이라고 해서 재를 바다에 뿌리거나 산속에 뿌리거나 하는 것 등도 있지만, 최후에는 그렇게 된다.'

만일 그렇게 설한 가르침 속에서 '죽으면 재가 된다'는 부분만을 꺼내면 '인간은 죽으면 모든 것이 없어져서 끝이다'라는 식으로 이해함으로써 거기서 '유물론'을 끌어내는 것도 가능해진다.

요컨대 사실은 '오리지널 가르침' 쪽에 문제가 있는 것이 아니라, 그것을 자신의 개인적인 인생관과 대조하여 현대의 입장에서 편한 부분만을 끌어내서 유포시키는 사람들에게 책임이 있다고 나는 생각한다.

신격을 가진 존재라고 사람들에게 믿어지는 요시다 쇼인

'천상계에는 신불神佛이라고 말해지는 존재가 있으며 그것을 돕는 빛의 천사, 보살들도 많이 있다.' 그래야만 진짜가 아니겠는가?

'수많은 천사와 보살들이 이 지상에 몇 번이고 내려와서는 지상 사람들을 인도하려 하고 있다', 그래야만 '신불이 존재한다'는 것이 되지 않겠는가?

그런 일도 없이 방치되어 있다면 신불의 사랑과 자비의 존재를 느낄 수 없지 않을까?

이전에 야마구치山口 현의 하기萩에 있는 요시다 쇼인吉田松陰의 쇼카손주쿠松下村塾와 쇼인진자松陰神社를 보고 왔을 때에 느낀 점이 있다.

요시다 쇼인은 죽고 나서 150년 정도밖에 지나지 않은 분인데, 쇼인을 모시는 신사神社는 이미 훌륭한 신사가 되어 있다. 도리이鳥居(신사 입구의 기둥 문)는 이중으로 되어 있으며, 참배길 입구만이 아니라 안에 있는 본전本殿까지 도리이가 세워져 있었다. 이것을 보면 야마구치 현에서는 요시다 쇼인이 첫 번째 신이라는 것쯤은 바로 알 수 있게 되어 있다.

죽고 나서 아직 100년 남짓인데 이미 신격을 가졌으며 '신이라는 것을 누구도 의심하지 않는다'는 느낌이 분명히 나타나 있다.

하지만 요시다 쇼인이 '이 세상에 살았던 단계에서 한 일이 무엇인가?' 하면 번藩의 허가를 받지 않고 탈번脫藩하여 일본 국방의 관점에서 해안선 등 다른 번의 여러 곳을 보고 다니거나, 시모다下田에서 페리의 배에 올라타고 미국에 가려고 했던 일 등이다. 그 결과 노야마野山의 감옥에 가두어져 최후에는 코덴마초小傳馬町의 감옥에서 사형에 처해졌다.

이 세상 관점으로 보면 '실패의 역사'이다. 29년 하고 2개월에 죽은 분이다. 그런데 이 분이 모셔진 신사는 지금 대단히 큰 신사가 되어 존재하고 있다.

즉 이 분은 100여 년 전에 살았던 인물이기는 하지만, 본래는 신격을 가진 존재다라는 것을 사람들도 알고 있는 것이다.

'메이지 시절에 초슈長州에서 수많은 위인이 나오기는 했지만 그런 인물들과는 격이 다르다는 것을 사람들은 분명히 분간하고 있다'는 것을 그때 느꼈다.

진리의 탱크가 상식이라는 이름의 미망을 쳐부순다

행복의 과학에 대해서도 지금은 아직 일본 전체에 널리 퍼지지 않았고 외국에도 퍼지지 않은 곳이 있지만, 나는 인류에 대해 일정한 신뢰를 하고 있다.

'우리가 행하는 것, 말하는 것은 가까운 장래, 적어도 이 21세기 중에는 반드시 전 세계에서 인정받게 된다'고 생각하고 있다.

학교에서 가르치는 '교과서 수준에서의 상식'이나 현대에 전해지는 '오래된 종교의 상식'으로 생각하면 우리가 말하는 내용은 황당무계하게 생각될지 모른다.

하지만 불전을 읽으면 '석가에게 육대 신통력이 있었다'는 것이 분명히 쓰여 있다. '과거, 현재, 미래를 내다볼 수 있었다'는 것도 '유체이탈을 할 수 있었다'는 것도 쓰여 있다. 나는 지금 그것과 똑같은 것을 실제로 행하고 있다. 많은 사람들은 그런 일을 옛날이야기로서만 읽고 있으므로 이해하지 못할 뿐이지만, 실제로 그런 일을 할 수 있는 사람이 있다.

지금 우리는 현실 세계에서의 사고방식, 이른바 '매스컴적인 상식'을 타파하려고 하며, 종교적인 의미에서의 '전통적인 상식'도 타파하려고 한다.

진리는 강하다.
'진리의 탱크'는
반드시 미망을 쳐부수며 돌진해 가게 된다.
내가 항상 말하는 '불석신명不惜身命'이라는 말의 의미가
언젠가 전 세계의 사람들에게 이해될 때가 올 것이다.
그 때를 위해
여러분들은 강해지길 바란다.
그리고 신앙을 오래 계속해 주시기 바란다.
그렇게 진심으로 바라는 바이다.

후기

　석가나 그리스도, 소크라테스, 공자라고 하는 사대 성인으로부터 시작하여, 얀 후스나 잔 다르크, 링컨과 요시다 쇼인까지 수많은 예를 들었다.
　역사에 이름을 남긴 분들은 인생이 반드시 순조로웠던 것은 아니었다는 뜻이다.
　비록 괴롭다 해도 계속 견뎌 나가는 동안에 진실은 빛나게 되는 법이다. 오로지 인내할 시기에는 마음을 굳게 하고 평범해도 좋으므로 꾸준히 노력을 계속해야 한다.
　언젠가 슬럼프를 극복하고 시련을 이겨내고 상식의 역전을 목표로 해서 이 세상적으로는 패배해도 패배하지 않는 자가 존재함을 알 수 있을 때가 오리라.
　거기에 덕이 발생한다는 것을 감지할 때도 있으리라.
　이미 우리는 이 세상의 '상식'의 선을 넘어 버렸다. 불퇴전의 마음으로 계속 싸울 수밖에 없으리라.

행복의 과학 그룹 창시자 겸 총재
오오카와 류우호오

오오카와 류우호오 총재 소개

'행복의 과학' 그룹 창시자 겸 총재.
1956년 7월 7일 일본 토쿠시마(徳島)에서 태어남. 도쿄대학(東京大學) 법학부(법학과) 졸업 후, 일본 대규모 종합상사에 입사, 뉴욕 본사에 근무하면서 뉴욕 시립대학 대학원에서 국제금융론을 공부하였다.

1981년에 대오(大悟)를 얻고, 인류 구제의 위대한 사명을 가진 '엘 칸타아레'임을 자각. 1986년에는 '행복의 과학'을 설립. 현재 일본 전국 및 해외 각국에 수많은 정사(精舍)를 건립하여 정력적으로 활동을 전개하고 있다.

저서는 27개 언어 이상으로 번역되어 발간 종수는 전 세계에서 1,500권을 넘었다. 출간된 저서는 ≪태양의 법≫ 등 일본에서 대다수가 베스트셀러, 밀리언셀러가 되었다. 주된 저서는 수많은 언어로 번역되어 전 세계에 다수의 독자들이 읽고 있다. 또한 미디어 문화 사업으로서 영화 '파이널 저지먼트', '신비의 법' 등 이미 8개 작품을 제작 및 총지휘하였다. 행복실현당, 행복의 과학 학원 중학교·고등학교·대학교(2015년 개교)의 창립자이기도 하다.

해피사이언스 입회 안내

　해피사이언스(행복의 과학)는 원하시는 분은 누구나 입회가 가능합니다.

　몇천 년 전의 사람들에게 설해진 가르침과 지금의 가르침은 달라야 합니다. 그것이 또다시 새로운 종교가 출현하는 이유입니다. 해피사이언스는 현대인의 고민과 스트레스를 해결해줄 수 있는 현대인의 종교입니다.

　해피사이언스는 당신의 마음을 행복으로 가득 채워줄 수 있습니다(명상, 성공철학, 인간관계 향상법 등).

행복의 과학 서적 안내

* ≪태양의 법≫ 엘 칸타레를 향한 길 — 지구의 문명과 미래 3천년의 문명
* ≪황금의 법≫ 엘 칸타레의 역사관 — 위인들의 전생윤회 역사관
* ≪영원의 법≫ 엘 칸타레의 세계관 — 영적인 세계의 차이와 의미
* ≪용기의 법≫ 열혈(熱血) 불과 같아라 — 인간은 무엇 때문에 사는가?
* ≪행복의 법≫ 인간을 행복하게 하는 4가지 원리 —
어떤 사람도 반드시 행복해질 수 있는 원리
* ≪성공의 법≫ 진정한 엘리트를 향한 길 —
진정한 성공으로 이끌어주는 소중한 마음가짐
* ≪석가의 본심≫ 되살아나는 불타의 깨달음 —
이것을 읽어야만 불교의 진수를 알 수 있다
* ≪아임파인≫ 자신과 비전 있게 사는 7가지 스텝 —
언제 어디서나 쉽게 읽을 수 있는 마음의 건강서
* ≪하우 어바웃 유≫ _ 마음을 가볍게 충전시키기 위한 책
* ≪불황을 완벽하게 타개하는 법칙≫ —
불황에 지지 않는 방법이 여기에 있다
* ≪진실에 대한 깨달음≫ 행복의 과학 입문 —
진리에 다가가기 위한 입문서
* ≪러시아 신임대통령 푸틴과 제국의 미래≫
* ≪북한 종말의 시작 영적 진실의 충격≫
* ≪세계 황제를 노리는 남자 시진핑의 본심에 다가서다≫
* ≪한국 이명박 대통령의 영적 메시지≫ 한반도의 통일과 한일의 미래
* ≪북한과의 충돌을 예견한다≫
* ≪미래의 법≫ 새로운 지구의 세기(世紀)로
* ≪김정은의 본심에 다가서다≫
* ≪하세가와 케이타로 수호령 메시지≫

인내의 법

2014년 6월 30일 제1판 1쇄 발행

지은이 / 오오카와 류우호오
옮긴이 / 행복의 과학
펴낸이 / 강선희
펴낸곳 / 가림출판사

등록 / 1992. 10. 6. 제 4-191호
주소 / 서울시 광진구 능동로 334(중곡동) 경남빌딩 5층
대표전화 / 02)458-6451 팩스 / 02)458-6450
홈페이지 / www.galim.co.kr
전자우편 / galim@galim.co.kr

값 15,000원

ⓒ 오오카와 류우호오, 2014

저자와의 협의하에 인지를 생략합니다.

불법복사는 지적재산을 훔치는 범죄행위입니다.
저작권법 제97조의5(권리의 침해죄)에 따라 위반자는 5년 이하의 징역 또는 5천만원 이하의 벌금에 처하거나 이를 병과할 수 있습니다.

ISBN 978-89-7895-383 2 13320

가림출판사·가림 M&B·가림 Let's의 홈페이지(http://www.galim.co.kr)에 들어오시면 가림출판사·가림 M&B·가림 Let's의 신간도서 및 출간 예정 도서를 포함한 모든 책들을 만나실 수 있습니다.
온라인 서점들의 사이트에 링크하시어 종합 신간 안내 및 각종 도서 정보, 책과 관련된 문화 정보를 받아보실 수 있습니다.
또한 홈페이지 방문시 회원으로 가입하시면 신간 안내 자료를 보내드립니다.